GIUSEPPA

GIUSEPPA

Libre d'être moi !

À Jacques ❤

SOMMAIRE

3/ *Une influenceuse pas comme les autres*

4/ *Aujourd'hui, et demain ?*

1.

QUI JE SUIS, *d'où je viens*

UNE ENFANCE *chaotique*

Je m'appelle Giuseppa Ciurleo. Je suis née le 21 mai 2001, à Lomme, à côté de Lille, dans le Nord. Je suis née prématurément, avec un mois et demi d'avance, à 3 h 10 du matin. J'étais un bébé de 2, 760 kilogrammes pour 49 centimètres.

Mes parents sont tous les deux nés dans le Nord. Ils se sont rencontrés très jeunes au collège : ma mère avait 13 ans et mon père, 16 ans. Je suis arrivée dans leurs vies quatre ans plus tard. Ma mère n'avait que 17 ans. Malheureusement, mes parents se sont séparés rapidement après ma naissance. Ma mère m'a élevée seule. Nous vivions à Lille, dans les Hauts-de-France.

En 2006, ma mère a eu un deuxième enfant, ***Tiago***, avec un autre homme. Techniquement, nous sommes demi-frère et demi-sœur. Mais je considère Tiago comme mon frère puisque nous avons grandi ensemble. Son père était violent physiquement et psychologiquement avec ma mère. Ils se sont séparés.

Ma mère travaillait en tant que commerciale chez Engie et a ensuite refait sa vie avec un autre homme qu'elle a épousé en 2010. Il a vraiment joué le rôle de beau-père et s'est occupé de nous. À tel point qu'avec Tiago, nous l'appelions Papa. Il était coach sportif dans le rugby, mais trempait dans des affaires louches. Cette relation a duré quelques années durant lesquelles nous avons vécu à Lille puis à Salou, en Espagne, et à Casablanca, au Maroc.

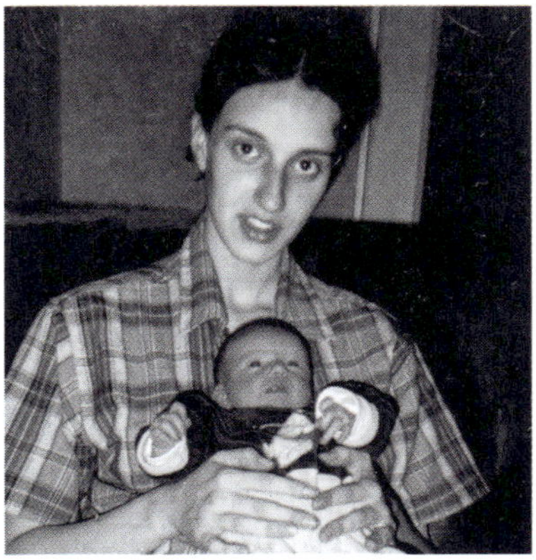

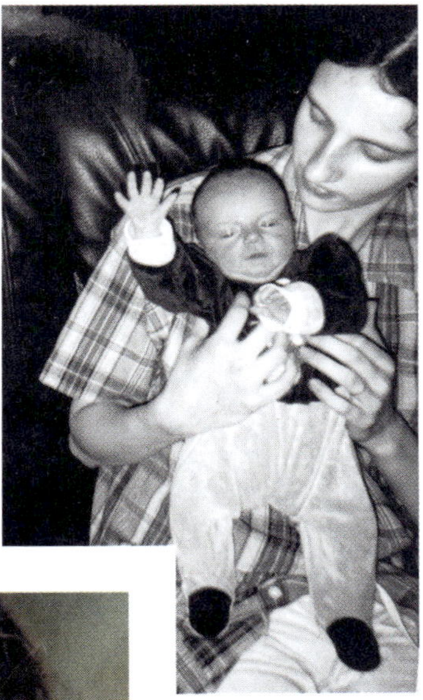

Mis en cause dans des affaires de braquages et de trafics, le mari de ma mère s'est ensuite fait arrêter et a été incarcéré. Ils ont fini par rompre. Pourtant, cet homme aura toujours une place dans mon cœur car, malgré ses activités hors-la-loi, c'est le seul qui nous a offert, à mon frère et moi, une vie de famille saine et agréable.

Nous nous sommes alors retrouvés tous les trois. Ma mère avait tout quitté pour lui, et notamment son emploi. Elle a dû reprendre un travail dans la restauration pour nous assumer seule. Cette période a été très difficile, on manquait de moyens. On ne pouvait pas s'acheter ce qu'on voulait, que ce soit des habits, des bonbons ou des sorties. J'avais du mal à accepter cette situation : ***on est égoïste quand on est jeune.***

DIX-SEPT ANS, C'EST JEUNE POUR AVOIR UN ENFANT. AVEC MOI, ELLE A APPRIS À DEVENIR MAMAN.

Ma mère n'a pas toujours fait les bons choix, et c'est comme ça. Dix-sept ans, c'est jeune pour avoir un enfant. D'autant plus lorsqu'il faut tout assumer seule. Avec moi, elle a appris à devenir maman. Donc forcément, il y a eu des erreurs. Sans doute plus avec moi – comme j'étais l'aînée – qu'avec mon frère. Et pour le coup, ça ne me dérange pas du tout parce mon frère, Tiago, passera toujours avant moi.

Avec ma mère, on a eu un parcours compliqué, plein de conflits et de déchirements. ***Je ne lui en veux pas***, je sais que ça n'a pas été facile pour elle, qu'elle aurait pu cent fois baisser les bras, nous abandonner mon frère et moi. Je suis très reconnaissante de ce qu'elle a fait pour nous, même s'il reste certaines rancœurs. Elle le sait et on en parle ouvertement toutes les deux aujourd'hui.

Dans mon enfance, il y a eu des moments où j'avais besoin d'elle, où j'avais besoin qu'elle me comprenne, et elle n'était pas là pour moi. J'ai vécu ces moments presque comme des abandons de sa part. J'aurais aimé qu'il y ait plus de communication et d'affection entre nous deux.

Grandir dans une famille monoparentale m'a fait mûrir vite. Ça nous différencie et ça nous a beaucoup soudés tous les trois. À 10 ans, je m'occupais beaucoup de mon frère quand ma mère travaillait. Nous étions souvent livrés à nous-mêmes. Je lui préparais à

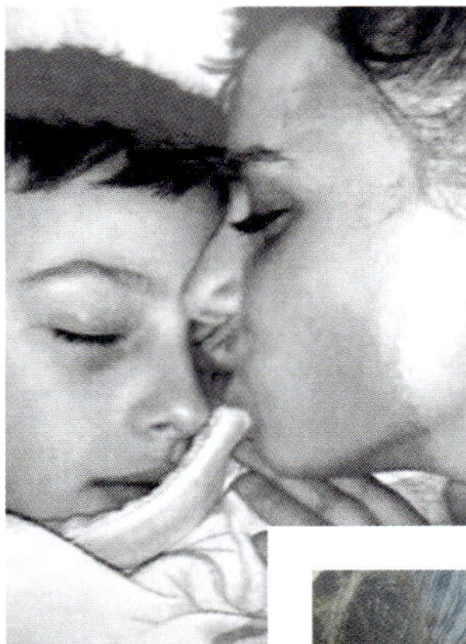

manger, lui donnais le bain, l'aidais à faire ses devoirs. Des responsabilités d'adulte alors que j'étais encore une petite fille.

Quand ma mère était à la maison, chacun allait dans sa chambre ou prenait ses repas dans son coin. Je n'ai jamais connu la vie de famille comme dans un foyer traditionnel, le cadre de vie hyper stable, les repas tous réunis autour de la table de la salle à manger. C'était vraiment chacun vit comme il peut.

Enfant, je ne peux pas dire que j'ai souffert de cette situation. Mais j'étais saoulée. Je voyais autour de moi que la vie de famille de mes copines, ça ne se passait pas du tout comme chez moi. Je sentais que quelque chose ne tournait pas rond, que quelque chose n'était pas cool de notre côté.

Avec le recul, je sais que ***ces instants de complicité, ce cadre stable, cette enfance plus normale, m'ont manqué.*** Mais, de manière générale dans la vie, je relativise et je me dis qu'il y a toujours pire. Certains enfants sont orphelins ou privés de la présence de leurs parents, placés en foyer ou en famille d'accueil. Je me rassure en me disant que ce que j'ai vécu, ce n'est rien, mais en grandissant, je réalise que mon enfance a un impact sur ma vie.

Enfouir un passé sur lequel on n'a pas travaillé, je pense que ça peut faire du mal et avoir des conséquences sur notre présent et notre avenir. J'en prends de plus en plus conscience. En grandissant, je mesure l'impact que les événements ont eu sur moi. Je pense qu'***il ne faut pas enfouir ses failles***, au contraire, les connaître et ***les accepter permet d'avancer***. Mais c'est un long chemin, peut-être même qu'il dure toute la vie.

“DANS LA VIE,
je relativise
ET JE ME DIS
QU’IL Y A
TOUJOURS
PIRE.”

SOUVENIRS *de Mini Giu*

Ma mère dit toujours que j'étais une bonne petite, ***une enfant qui aimait la vie.*** J'étais gourmande et dès que j'ai su marcher, j'allais préparer mes biberons. J'étais une petite fille éveillée, extravertie et sociable. J'aimais beaucoup parler. Une vraie pipelette avec 50 000 sujets de discussion à la seconde, au point de saouler parfois mon entourage.

Vu la situation compliquée chez moi, l'école était mon refuge, l'endroit où je me retrouvais loin des problèmes et des querelles d'adultes. J'étais une enfant qui observait beaucoup tout ce qui se passait autour de moi.

Les moments heureux que je vivais, c'était à l'école, pas chez moi. J'ai des souvenirs du carnaval à la maternelle à Roubaix où j'étais déguisée en Belle au bois dormant, des souvenirs de la Saint-Nicolas. Dans mon école, il y avait à certaines occasions un podium pour que les enfants puissent chanter et danser. Et j'adorais me donner en spectacle, je voulais plaire et qu'on me regarde.

À l'école, personne ne prononçait correctement mon prénom : j'en faisais des crises de nerfs alors j'ai demandé à tout le monde de m'appeler Josepha. Et c'est resté, on m'appelle encore comme ça dans ma famille.

Entre 11 et 13 ans, j'étais un vrai garçon manqué. Toujours en jogging-baskets. Les filles de mon âge ne m'appréciaient pas et je traînais avec les garçons. À 13 ans et demi, j'ai rencontré mon premier amoureux, Thomas.

C'est à ce moment-là que je suis devenue plus féminine.

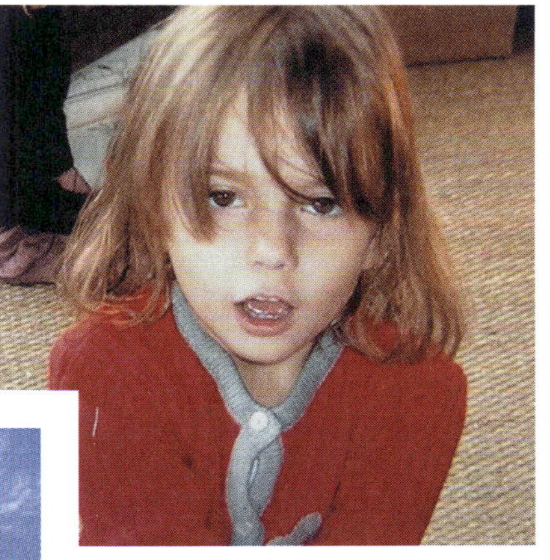

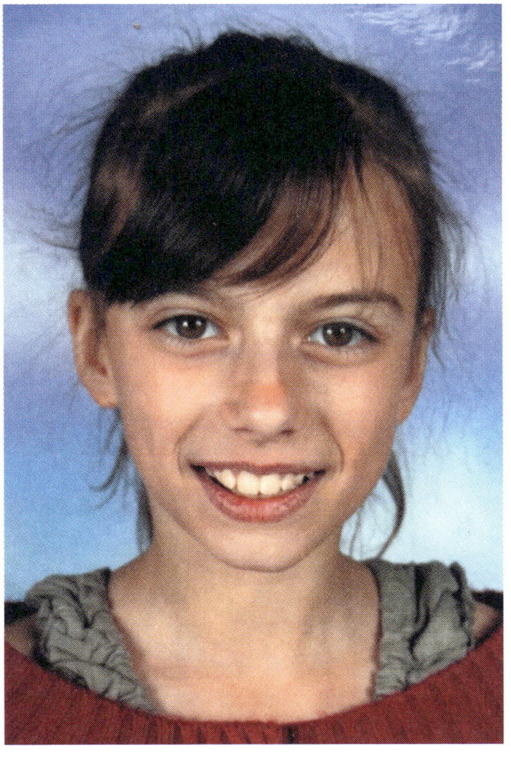

J'ai toujours été la fille qui fait rire tout le monde, que les autres élèves respectent, parce que je n'avais pas peur des professeurs ou de me faire coller. Je voulais toujours faire plus, faire pire pour être la meilleure même dans la connerie. Des bêtises toujours motivées par ce besoin d'attention constant.

MON PÈRE, *ce grand absent*

Je n'ai pas grandi aux côtés de mon père, dont toute la famille est originaire de Calabre, en Italie. Comme mes parents se sont séparés très rapidement après ma naissance et que ma mère m'a élevée seule, je dis en général que je n'ai pas connu mon père pour simplifier les choses. Mais ce n'est pas tout à fait exact.

Je sais qui est mon père, je l'ai déjà croisé à plusieurs reprises : lors d'anniversaires du côté de ma famille paternelle, dans le restaurant de mon grand-père. Mais ***nous n'avons aucune relation père-fille.***

Mon père souffre d'une terrible maladie mentale : la schizophrénie. Une maladie qui s'est déclarée avec le temps, avec certaines épreuves qu'il a traversées et la prise de drogues. Malheureusement, la vie – et plus particulièrement sa maladie – a fait qu'on n'a pas pu se côtoyer. Lorsqu'on présente ce genre de trouble, on est placé sous tutelle parce qu'on n'est pas apte à s'occuper de soi-même. Et donc encore moins apte à être papa.

Par rapport à mon père, j'ai compris la situation quand j'avais 11 ou 12 ans. Ça n'a pas été facile. Pour tout dire, ça a même été un choc. Ne pas avoir son père, c'est déjà compliqué, mais le voir et savoir pourquoi, c'est encore plus dur. Je sais que mon père est en vie, qu'il pourrait être à mes côtés et m'apporter tout ce dont j'ai manqué, mais au final, ***nous sommes privés de cette relation*** et c'est très frustrant.

L'ABSENCE DE MON PÈRE, CE SERA TOUJOURS UN MANQUE.

Et vivre ce manque permanent, alors qu'il n'est jamais très loin de moi, c'est une frustration difficile à gérer au quotidien. Mon père à moi est malade, et comme ***empêché par la maladie de jouer son rôle dans ma vie.***

Mon père a eu une autre fille deux ans après ma naissance. J'ai appris à 18 ans, par mon grand-père paternel, que j'avais une demi-sœur : ***Margaux.*** C'est une sacrée histoire, parce que j'ai toujours rêvé d'avoir une petite sœur et un petit frère, d'être la plus grande pour les protéger.

On s'est d'abord suivies sur Instagram, puis on s'est rencontrées chez mon grand-père. Ce n'était pas évident, ni pour elle, ni pour moi, et il y avait comme un malaise, une gêne entre nous. Nous sommes sœurs mais nous sommes des inconnues l'une pour l'autre : on a besoin d'apprendre à se connaître. On essaie de se voir quand on peut et on se rapproche petit à petit. C'est très récent, donc on a encore besoin de temps. Et ***j'apprivoise au fur et à mesure ce tout nouveau rôle de sœur qui me réjouit.***

L'ÉCOLE, *trop peu pour moi*

Mon rapport à l'école n'a jamais été simple. Cela est sans doute lié à ma situation familiale, à mes responsabilités vis-à-vis de mon petit frère, Tiago, et au fait que j'ai grandi plus vite que les enfants de mon âge. J'avais le potentiel, j'étais une petite fille intelligente, mais j'étais perturbée et incapable de m'investir dans les cours.

Je savais que j'avais toutes les capacités pour avoir des bonnes notes, passer des diplômes. Quand je le voulais, j'étais très à l'écoute de mes professeurs, et les enseignants faisaient de bons retours sur moi. Mais la plupart du temps, c'était catastrophique parce que ***j'avais la tête ailleurs.***

Lors de ma dernière année de collège, en troisième, je ne me sentais pas du tout à ma place : j'avais trop évolué et je voulais travailler rapidement. Je l'ai fait comprendre à ma mère qui ne s'y est pas opposée. J'étais convaincue d'être faite pour la vie active, pour apprendre en faisant. Rester assise sur une chaise toute la journée, ça ne me convenait pas du tout. Alors j'ai quitté l'école à 14 ans, et me suis dirigée vers une filière professionnelle, un CAP hôtellerie-restauration.

J'ÉTAIS CONVAINCUE D'ÊTRE FAITE POUR LA VIE ACTIVE, POUR APPRENDRE EN FAISANT.

Aujourd'hui, Dieu sait que, si je pouvais revenir en arrière, je ferais des études. Mais à ce moment-là, je savais déjà ce que je voulais et je n'en démordais pas. Je suis intelligente, et surtout je sais que j'ai énormément de maturité et de recul, mais je ne suis pas cultivée et ça devient un problème aujourd'hui. Sur les réseaux sociaux, je fais des fautes d'orthographe, j'emploie des mots inappropriés, j'ai des lacunes en géographie... Bref, j'ai l'impression de ne rien avoir appris à l'école.

Au début, faire des fautes d'orthographe, ça ne me perturbait pas plus que ça. Mais maintenant que je suis suivie par toute une communauté sur les réseaux sociaux, à chaque fois que je poste, je reçois des messages liés à l'orthographe et ça devient très embêtant. Bien sûr, je peux toujours apprendre et me perfectionner maintenant.

Mais si tu peux apprendre au moment où on souhaite t'apprendre – autrement dit, à l'école – c'est mieux et ça évite de faire un retour en arrière. Une chose est sûre : si j'ai des enfants, je les pousserai à aller à l'école jusqu'au bout et à entreprendre des études.

DU NORD AU SUD, *indépendante à tout prix*

En grandissant, j'ai trouvé ma situation familiale de plus en plus pesante. Privée de mon père, j'avais été témoin, enfant, des violences exercées par mon beau-père sur ma mère, puis de l'échec de son mariage. Je me suis progressivement renfermée, sans doute pour me protéger. J'ai développé un profond mal-être.

J'ai fait ma crise d'adolescence de manière assez classique. Je ne voulais pas aller à l'école, je séchais les cours, je répondais aux professeurs. Bref, je faisais des conneries à répétition. À l'époque, les garçons ne m'intéressaient pas plus que ça puisque j'étais moi-même un vrai ***garçon manqué.***

Je me révoltais, j'étais insolente, je me bagarrais...

À 12 ANS, JE N'ÉTAIS PAS EN PHASE AVEC LA VIE QUE JE MENAIS ET J'ESSAYAIS DE LE FAIRE COMPRENDRE COMME JE LE POUVAIS.

Comme ma mère n'arrivait plus à gérer, elle m'a envoyée à Villeneuve-Loubet, entre Nice et Cannes, dans le Sud, chez mon grand-père paternel, pour qu'il prenne le relais. Moi, je ne connaissais pas du tout cette partie de ma famille.

On partageait le même nom, le même sang, mais mon grand-père, ma grand-mère, mon oncle et ma tante étaient pour moi des inconnus. J'avais l'impression qu'***un monde nous séparait***, je ne me sentais pas à ma place, comme mise à l'écart. Je venais des quartiers un peu délabrés du Nord, on habitait un H.L.M.

avec des dealers en bas de chez nous. Eux, ils avaient une belle maison, une bonne éducation, des bonnes études. Il y avait trop de décalage entre eux et moi, l'adolescente mal dans sa peau.

Une nuit, j'ai essayé d'appeler ma mère à plusieurs reprises sur son téléphone fixe pour lui dire que je voulais rentrer dans le Nord, que j'avais besoin d'être avec elle et Tiago. Mais elle devait dormir et n'a pas répondu. J'ai eu l'impression qu'elle m'abandonnait. J'ai pris des cachets et passé une nuit blanche. Le lendemain, au collège, j'ai fait un malaise ; j'ai été prise en charge par les pompiers et conduite à l'hôpital pour un lavage d'estomac.

NOTRE LIEN MÈRE-FILLE A COMMENCÉ À S'AMÉLIORER À PARTIR DE CE JOUR-LÀ.

Avec le recul, je sais qu'il s'agissait plus d'un appel au secours que d'une véritable tentative de suicide. Ma mère est descendue en urgence pour venir me chercher dans le Sud : elle s'est rendue compte à ce moment-là qu'elle aussi avait fait beaucoup d'erreurs. Et notre lien mère-fille a commencé à s'améliorer à partir de ce jour-là. À la suite de cet épisode, on a quitté Lille avec ma mère et mon petit frère pour emménager dans le Sud, à Marseille. J'avais 12 ans et demi. Ma mère avait envie de changement, de soleil et de mer. C'est à cette période que mon besoin d'***indépendance*** est devenu de plus en plus pressant. Cela peut paraître très jeune pour avoir envie de vivre comme une adulte, mais c'était mon désir le plus profond.

Mon parcours de vie a fait que je me suis toujours sentie en décalage avec les gens de mon âge. J'ai grandi plus vite que la plupart d'entre eux, je ne me sentais pas à ma place à l'école, pas en phase avec mes camarades, et j'ai toujours fréquenté des personnes plus âgées, que ce soit en amitié ou en amour.
Mes préoccupations n'étaient pas non plus celles d'une adolescente. Je voulais à tout prix prendre mon indépendance. C'est pour ça aussi que j'ai quitté l'école

“***Je me suis toujours sentie***
EN DÉCALAGE
AVEC LES GENS
DE MON ÂGE.”

et rejoint la vie active, pour m'assumer financièrement et ***être autonome***.

J'ai vu ma mère galérer financièrement, avoir du mal à payer son loyer et vivre des fins de mois difficiles. Il me semble qu'elle a toujours fait les mauvais choix, que ce soit sentimentalement ou professionnellement.

Je pense que ça a été un puissant moteur pour me bouger : je ne voulais absolument pas me retrouver dans la même situation. Ça m'a poussée à vouloir faire tout le contraire, à faire mieux et à me battre pour avoir tout ce qu'elle n'a pas eu. Comme une envie de prendre une revanche sur la vie.

LA RESTAURATION, *l'école de la vie*

J'ai découvert le monde de la restauration durant mes week-ends. Ma mère m'a recommandée aux patrons du restaurant dans lequel elle travaillait. Elle leur a dit que ***j'étais débrouillarde*** et que je pourrais venir renforcer leur équipe pour le service quand ils en avaient besoin. J'ai commencé à faire des extras chez eux pour gagner un peu d'argent.

Il faut savoir que je n'ai jamais été serviable. Je n'étais pas le genre de gamine à servir un café à sa mère par exemple. Mais l'univers de la restauration m'a permis de grandir. J'avais envie de servir les gens, de leur parler, d'être sympa, de leur faire plaisir, qu'ils soient contents d'avoir passé un bon moment au restaurant.

J'ai vite compris que ce métier allait me permettre d'être indépendante financièrement, et qu'il aurait un bon impact sur moi. J'étais à l'écoute de ce qu'on me disait avant et pendant le travail, je prenais tous les conseils : porte ton plateau de cette façon, dresse la table comme ça, débarrasse comme ça.

JE ME SUIS RENDU COMPTE QUE J'AVAIS VRAIMENT ENVIE D'APPRENDRE ET D'ÉCOUTER.

Pour moi, la restauration, c'est l'école de la vie et ***ça m'a tout appris.*** C'est un univers dans lequel j'étais obligée de communiquer, de prendre sur moi. Comme il y a des patrons derrière, lorsque tu fais mal les choses, ils n'hésitent pas à te le faire savoir. De même, les clients ne sont pas toujours agréables, mais tu dois parfois te taire, te canaliser et ne pas rentrer dans le conflit si tu veux toucher ton gagne-pain à la fin du mois.

Du coup, à 14 ans, j'ai quitté le cursus scolaire classique pour m'orienter vers un CAP hôtellerie-restauration. En apprentissage, on passe chaque mois une semaine à l'école et trois semaines au travail. Tout naturellement, mes semaines en entreprise, je les passais dans ce restaurant où j'avais eu l'habitude de faire des extras le week-end.

Finalement, je n'ai jamais obtenu mon CAP. Mes patrons me considéraient comme une apprentie certes, mais aussi comme une employée à part entière. Un salaire d'apprenti varie entre 400 et 500 euros maximum pour 35 heures, alors qu'eux me versaient plus que l'équivalent d'un SMIC. Et ça a été ***une grande chance*** qu'ils me considèrent et me paient comme le reste de leur équipe. Je faisais beaucoup d'horaires, je leur rendais souvent service et je travaillais bien. Du coup, j'ai continué à servir chez eux pendant deux, trois ans.

En travaillant dès l'âge de 14 ans, j'ai découvert le monde des adultes, les vrais problèmes de la vie, l'hypocrisie, les conflits et le vice.

SAVOIR DE QUOI EST CAPABLE L'ÊTRE HUMAIN, DANS LE MEILLEUR COMME DANS LE PIRE, ÇA FAIT GRANDIR.

J'ai pris mon premier appartement toute seule à l'âge de 16 ans, à Saint-Laurent-du-Var, entre Nice et Cannes. Je ne peux pas dire que c'est un bon souvenir. Je voulais quitter les disputes récurrentes que j'avais avec ma mère, mettre de la distance entre nous deux pour apaiser notre relation. Mais ***vivre seule*** signifiait aussi des contraintes d'adulte : devoir me lever tous les matins pour payer mon loyer et remplir mon frigo. Et même si j'étais déjà indépendante financièrement, en quittant le toit de ma mère, je renonçais à une certaine forme de sécurité.

Je n'ai jamais arrêté de travailler. À certaines périodes, je cumulais même plusieurs boulots. Il m'est arrivé de travailler dans un bar restaurant de 18 heures jusqu'à 2 heures du matin avant d'enchaîner à 5 heures du matin chez Intermarché pour faire de la mise en rayon.

“JE ME SUIS MISE AU DÉFI DE PARTIR SEULE À DES MILLIERS DE KILOMÈTRES ***pour me reconnecter à moi-même.***”

VOYAGER SEULE *pour mieux se découvrir*

À 18 ans, je ne me sentais pas très heureuse dans ma vie, même plutôt malheureuse. J'étais indépendante, je cumulais les boulots. Je me montrais hyper sociable au travail, mais pas dans la vie de tous les jours. Avec les autres, je devenais presque malpolie : je pense que j'avais peur des gens. J'avais vu ma mère souffrir et du coup, je me disais que l'être humain était mauvais, au point de vouloir limite vivre comme un animal pour me protéger.

Je vivais une relation amoureuse qui me faisait souffrir, et je sentais que je développais une forme de dépendance affective vis-à-vis de ce garçon. Au fond de moi, je sentais que ***j'avais besoin de changement, de nouvelles expériences.*** À 18 ans, j'avais le sentiment de ne pas avoir assez vécu, j'avais envie de dépasser certaines peurs pour devenir plus forte. Par exemple, je n'avais jamais voyagé. Alors, ***pourquoi ne pas me mettre au défi de partir à l'étranger ?***

Je connaissais plein de personnes autour de moi qui partaient faire une saison à l'étranger. La plupart n'allaient pas à l'autre bout du monde. Mais pourquoi pas ? Et je me suis mise au défi de partir seule à des milliers de kilomètres, de travailler sur place dans la restauration, pour me reconnecter avec moi-même.

J'ai choisi ***les Antilles françaises,*** autrement dit les îles françaises de l'archipel des Antilles dans la mer des Caraïbes. Et plus spécifiquement Saint-Martin. La raison ? On y parle le français mais aussi l'anglais. Ayant quitté l'école très tôt, l'anglais, ce n'était pas mon fort : je me disais que ça me permettrait de progresser dans l'apprentissage de cette langue. Tout en baignant dans un univers où on parlait le français, ma langue maternelle, histoire de ne pas être complètement dépaysée.

J'ai parlé de ce projet autour de moi, j'ai fait jouer tous mes contacts et j'ai su que les parents d'un ami allaient prochainement ouvrir une plage privée à Saint-Martin. Ainsi, avant même que je décolle pour les « French West Indies », un travail et un logement m'y attendaient.

Être toute seule dans l'avion durant les huit heures de vol, à 18 ans : la sensation est étrange. ***L'impression de tout quitter*** et de ne pas savoir ce qu'on va trouver sur place, comment les choses vont se passer. J'ai été accueillie par mes futurs patrons et j'ai fait l'ouverture de la plage, mais l'aventure a vite pris fin.

Il a fallu tout recommencer sur place, retrouver un travail et un logement. J'étais partie sur un coup de tête, peu consciente de la situation sur place un an après l'ouragan Irma. Très peu de logements étaient disponibles. Par exemple, un studio de 20 mètres carrés se louait entre 2 000 et 3 000 euros.
J'ai finalement opté pour une colocation avec trois personnes : un couple avec un de leurs amis. Mes trois colocataires étaient plus âgés que moi et ça m'a vraiment fait du bien de vivre avec eux. Ils étaient très sympas, on s'entendait bien et on rigolait souvent. Ils ne connaissaient pas ma vie, mon passé ni mes failles, et j'ai réalisé que cela me permettait de me sentir et d'agir simplement comme une fille de 18 ans.

LÂCHE PRISE, PROFITE ET ÉCLATE-TOI !

À Saint-Martin, je me suis vraiment redécouverte. Je me suis reconnectée avec moi-même, libre d'être plus insouciante et de vivre comme une jeune fille de mon âge. J'étais juste Giuseppa, une fille qui vient de France pour travailler et gagner sa vie à Saint-Martin. Et ***ça m'a fait un bien fou***. J'étais vraiment épanouie, ça faisait longtemps que je ne m'étais pas sentie aussi bien. Ma mère et mon frère me manquaient beaucoup. Mais là-bas, j'avais de la place pour moi et mes propres expériences.

Ça m'a permis de me sociabiliser, d'arrêter de vouloir à tout prix devenir une grande femme, me battre pour accomplir des choses et prendre ma revanche sur la vie alors que je n'avais que 18 ans. J'ai réalisé que j'avais le droit à cette forme d'insouciance. À 18 ans, tu dois pouvoir ***vivre au jour le jour***, faire tes expériences, te casser la gueule et te relever. Sois tolérante, sois indépendante, fais attention à ton argent, reste responsable. Mais quand tu es avec les autres, lâche prise, profite et éclate-toi !

Cette aventure m'a fait un bien fou, et quand j'y pense, j'en ai encore des frissons aujourd'hui parce que ça m'a profondément changée. J'ai enfin relâché la pression. Autour de moi personne n'était malheureux, je ne voyais que des ***gens heureux.***

Alors que j'étais partie pour vivre à Saint-Martin, j'ai finalement dû rentrer en France. De cet échec, j'ai tiré une leçon : on pense toujours qu'ailleurs tout est plus beau, tout est mieux, mais en réalité l'herbe n'est pas toujours plus verte ailleurs. J'avais tenté l'aventure, donc je n'avais aucun regret. Et cela reste définitivement l'une des étapes les plus importantes de mon parcours.

« VOYAGEZ ASSEZ LOIN, VOUS POURRIEZ VOUS RENCONTRER. »

DAVID MITCHELL

SURFER *à Bali*

Après sept mois passés à Saint-Martin, ***une nouvelle idée surgit***. J'ai toujours rêvé de surf, de la pratique sportive mais aussi de l'état d'esprit qui s'en dégage. C'était presque de l'ordre du fantasme. Je likais les posts de surf sur Instagram, mais je ne pensais pas être capable de bien surfer un jour. Dans ma tête, c'était mission impossible. Aux Antilles, j'ai pris des cours de surf, j'ai acquis les bases et la passion s'est encore intensifiée. Je ne pensais qu'à ça, je ne voulais faire que ça. Alors je me suis dit : « Giu, tu vas devenir une vraie surfeuse et tu vas le faire à Bali ! »

Pour rejoindre cette île du Sud de l'Indonésie depuis Saint-Martin, j'ai passé deux jours dans les avions et les aéroports, avec de nombreuses escales. J'étais hyper stressée pendant le voyage et ça ne faisait qu'empirer. Je ne connaissais personne sur place, je craignais que le propriétaire du logement que j'avais loué tente de m'arnaquer. Dans le taxi, en sortant de l'aéroport, je regardais le paysage défiler en me demandant dans quoi je m'étais encore embarquée.

Certaines personnes préparent leur voyage, achètent des guides, élaborent un programme. Moi, je fonctionne toujours au coup de tête. ***Je pars à l'aventure***. J'y vais et je vois sur place. Le premier matin, je ne savais pas trop quoi faire, mais je n'étais pas venue pour rester enfermée. J'ai commandé un Gojek, l'équivalent balinais d'un Uber en scooter, et j'ai demandé au chauffeur de m'amener sur un spot de surf. Enfin, c'est ce que je croyais, car j'avais beaucoup de difficultés à comprendre les Indonésiens et leur

"GIU, TU VAS DEVENIR
UNE VRAIE SURFEUSE
à Bali !"

"LE SENTIMENT D'ÊTRE
AU BON ENDROIT,
au bon moment."

accent lorsqu'ils s'exprimaient en anglais. Et visiblement, c'était réciproque !

JE ME SUIS TOUJOURS DIT : UNE FOIS QUE TU AS LES BASES, TU PEUX APPRENDRE SEULE.

Le chauffeur m'a déposée sur une plage où il n'y avait pas un seul surfeur... Pieds nus dans le sable brûlant, j'ai marché pour rejoindre un vrai spot de surf. Dans la vie, je me suis toujours dit qu'une fois qu'on a les bases, on peut apprendre seule. Une heure plus tard, me voici donc à l'eau, et j'ai vite compris que les vagues de Bali ne sont pas celles de Saint-Martin. J'ai galéré, suffoqué, avec l'impression d'être dans un lave-linge en mode essorage, mais j'ai persisté. Jusqu'à ce qu'un moniteur de surf me conseille de sortir avant de me noyer !

Ce premier contact avec l'océan Indien ne m'a pas découragée. Pendant un mois à Bali, je me suis levée tous les jours à 8 heures du matin pour aller surfer. J'ai rencontré des moniteurs de surf adorables qui m'ont permis de me perfectionner, mais aussi de découvrir toute l'authenticité de l'Indonésie. Au déjeuner, on dégustait la cuisine traditionnelle, des plats à base de riz et de poisson ou de viande servis dans une feuille de bananier. Je mangeais avec les doigts ***comme les locaux.***

À Bali, tout était fluide, simple. J'avais le sentiment merveilleux d'être au bon endroit, au bon moment. C'est un voyage qui a marqué ma vie, j'étais profondément épanouie là-bas. La mentalité m'a énormément plu : pas de jugement, pas de jalousie, pas d'hypocrisie. Je quittais mon appartement en maillot de bain et tongs pour aller surfer, je sortais de l'eau le visage recouvert de crème solaire, et personne ne m'a jamais regardée de travers. Au contraire, plus tu es simple, plus tu t'adaptes à ce mode de vie, et plus tu es appréciée.

J'ai passé à Bali un mois de ***pur bonheur***, à tel point que je me verrais y vivre. En tout cas, si je pouvais faire un flashback dans mon histoire, ce sont ces instants indonésiens que je voudrais revivre. À l'issue de ces séances quotidiennes et intensives, j'avais relevé ***mon défi*** : réussir à prendre des vagues avec un shortboard comme une surfeuse semi-professionnelle. L'objectif de ce voyage atteint, il était temps pour moi de rentrer en France.

LE RETOUR *en France*

Après ces sept mois heureux passés à Saint-Martin puis à Bali, je suis rentrée en France début janvier 2021. Ce voyage m'avait tellement changée que j'avais ***envie de repartir à zéro,*** donc j'ai définitivement rompu avec le garçon avec qui j'étais avant.

Les personnes rencontrées là-bas avaient changé ma façon de fonctionner, ma façon de penser, ma manière d'être, à tel point que je voulais ***reprendre ma vie différemment***.

Il fallait tout recommencer du début, retrouver un travail et un appartement. J'ai donc commencé par une opération CV et mails en mode candidature spontanée. C'était l'hiver et la saison allait commencer.

J'ai toujours douté de moi, et à ce moment, je me suis demandé si je serais capable de travailler dans des grands et beaux endroits, des adresses huppées et réputées. Étant donné que j'avais voyagé et appris l'anglais, j'ai eu envie de viser haut et d'aller travailler sur une belle plage à Cannes.

POSTULANT EN TANT QUE CHEF DE RANG À 19 ANS, JE CRAIGNAIS QU'ON NE ME PRENNE PAS AU SÉRIEUX.

C'était un poste à responsabilités. Comme j'ai commencé à travailler dans la restauration à 14 ans, j'avais déjà accumulé une certaine expérience professionnelle, mais je ne savais pas comment les recruteurs allaient percevoir ma candidature.

Vingt minutes seulement après l'envoi de mon CV, la directrice de l'Annex Beach à Cannes m'a rappelée. Incroyable ! J'ai intégré l'équipe en tant que chef de rang, j'étais la plus jeune. Ça a hyper bien matché, ils m'ont fait confiance et j'ai travaillé pour eux pendant six mois, toute une saison. Étant donné que j'étais quand même assez seule dans ma vie, le fait d'avoir une belle équipe au travail, bien soudée et complice, ça me faisait du bien, ça me changeait les idées, et je pense que c'était ce dont j'avais besoin.

Mais là encore, j'ai douté. Avec l'épidémie de Covid, les restaurants licenciaient beaucoup de personnel et je pensais qu'on allait mettre fin à mon contrat. Je me disais que j'allais perdre mon travail, que je n'étais peut-être pas indispensable. Toujours ce manque de confiance en moi. Finalement, c'est moi qui ai démissionné pour tenter ***une autre aventure*** : celle de la télé-réalité.

« JE NE PERDS JAMAIS. SOIT JE GAGNE, SOIT J'APPRENDS. »

NELSON MANDELA

JACQUES, *mon grand-père de cœur*

C'est rare, mais parfois dans la vie on rencontre des personnes avec qui se crée une ***alchimie***, une connexion immédiate et inexplicable comme si on se connaissait depuis toujours. Ça a été le cas avec Jacques, un ami de ma mère que j'ai choisi comme grand-père de cœur.

Notre première rencontre, c'était à Marseille. Il est venu dîner à la maison. J'avais 13 ans et lui, la cinquantaine. J'étais dans une phase plutôt renfermée. Je cuisinais. Il y avait d'autres invités, mais toute son attention se portait vers moi. Il plaisantait, me faisait des compliments, me charriait. C'était un homme drôle, joyeux, pétillant, toujours en train de faire des blagues. On a tout de suite créé un ***lien fusionnel*** et, à peine la soirée terminée, j'avais déjà envie qu'il revienne le lendemain.

On ne s'est jamais lâchés après ce dîner. Il a toujours pris soin de moi, il connaissait mon histoire et m'a toujours protégée. Il habitait Aix-en-Provence. Il venait me chercher au collège puis me déposait à la maison. Quand je me disputais avec ma mère, il m'emmenait faire des balades au bord de l'eau ou m'achetait des petits rouges à lèvres chez Primark. J'ai tout vécu avec lui : il m'a offert mes premiers préservatifs lorsqu'il a su que j'avais un amoureux, il m'a accompagnée pour ma chirurgie plastique des seins puis s'est occupé de moi les jours suivants.

JACQUES A ÉTÉ LÀ POUR MOI COMME PERSONNE NE L'A JAMAIS ÉTÉ.

C'était mon confident : je lui racontais des choses que je ne disais à personne d'autre. Jacques a été là pour moi comme personne ne l'a jamais été et il m'aimait comme j'ai rarement eu l'impression d'être aimée. Je crois qu'il comblait tous les manques liés à la famille que je n'ai pas eue.

En juillet 2021, il est décédé alors que j'étais en tournage. J'ai reçu son avis de décès le jour de ses funérailles. Ça a été très brutal pour moi, parce que Jacques m'avait caché qu'il avait un cancer, et j'ai encore du mal à réaliser. Je m'en suis voulu de ne pas avoir été là pour lui, pour l'accompagner. Je pense qu'on n'accepte jamais la mort d'un être cher. Je me dis qu'il est loin en vacances, qu'il est heureux et que je ne le reverrai plus parce qu'il est mieux là où il est désormais.

Jacques était très croyant et pratiquant. En rentrant de tournage, j'étais au plus mal. Je suis allée voir une femme médium qui communique avec les morts. Elle m'a parlé d'une chaîne, et m'a dit que si je trouvais un objet métallique – un pin's ou une pièce de monnaie – dans la rue, ce serait un signe de mon grand-père de cœur et que je devrais le garder. Évidemment j'ai regardé partout les jours suivants mais je n'ai rien trouvé.

L'INCROYABLE DÉCOUVERTE DE CE PORTE-BONHEUR M'A BOULEVERSÉE.

Deux ans avant sa mort, il m'avait donné une petite carte plastifiée où était inscrite une prière pour me porter bonheur et me protéger. Je la gardais toujours avec moi. Un jour, j'allume une bougie blanche pour prier et parler avec Jacques, la petite carte dans la main. Alors que je lui demande ce que signifie cette histoire de chaîne, mon regard va directement à la plaquette, découvrant qu'à l'intérieur, il y a un pendentif de la Vierge Marie.

Une fois les frissons et l'émotion passés, j'ai glissé la médaille dorée sur une chaîne que je ne quitte plus. C'est un objet hyper ***symbolique et précieux*** pour moi. Je crois beaucoup au destin, à la philosophie et en Dieu, encore plus depuis le décès de mon grand-père de cœur et l'incroyable découverte de ce porte-bonheur qui m'a bouleversée.

Aujourd'hui, j'aime me poser près d'***un olivier*** pour penser à lui ou lui parler. L'olivier, c'était son arbre préféré et c'est désormais notre moyen de communiquer tous les deux.

TU N'ES PLUS
LÀ OÙ TU ÉTAIS,
MAIS TU ES
PARTOUT LÀ OÙ
JE SUIS.

VICTOR HUGO

Mes qualités / mes faiblesses

Je suis hypersensible

C'est sans doute mon principal trait de caractère. Je suis reconnue « haut potentiel émotionnel » (HPE). Je vis toutes les émotions x 1000, comme décuplées. Ça peut être perçu comme une faiblesse, mais pour moi, c'est définitivement une force.

Je suis combative

C'est le trait de caractère dont je suis le plus fière. Je suis forte et je sais me relever à chaque fois que je traverse un moment compliqué. Face aux difficultés et aux épreuves, je fais face et j'ai appris à relativiser.

Je suis têtue

Je n'écoute pas toujours les conseils qu'on me donne. Plus jeune, je suis passée à côté de certains avertissements, ce qui m'a amenée à faire des erreurs et à connaître des échecs. Que ce soit vis-à-vis de l'école, les études, le travail, la vie quotidienne, avec les amis ou la famille. Mais je ne reviendrais pas en arrière, car chaque erreur m'a fait grandir et m'a amenée là où je suis.

Je suis positive

Je suis 100 % good vibes et je les diffuse autour de moi, dans la vie et sur mes réseaux sociaux. Je cultive cet optimisme, je ne veux pas laisser transparaître le négatif parce que j'ai besoin de savoir les gens heureux autour de moi. Lorsque mes amis ne vont pas bien, ça me rend triste.

Je suis impulsive

C'est sans doute le trait de caractère dont je suis le moins fière. Mais c'est dû à mon hypersensibilité. Quand un sujet me tient particulièrement à cœur ou me touche profondément et que je ne sais pas comment l'exprimer, je peux me montrer agressive dans ma façon d'être ou dans ma manière de parler. Quand je crie ou que je m'énerve, c'est surtout pour que les gens m'écoutent. C'est ma façon de leur dire « s'il vous plaît, écoutez-moi, c'est hyper important ». Je peux aussi facilement me mettre à pleurer si on ne comprend pas ce que je veux dire.

Je suis indépendante

Je suis toujours allée chercher les choses dont j'avais besoin. Je n'ai jamais compté sur personne ou attendu que ça vienne à moi sans rien faire pour obtenir ce que je voulais.

Mes qualités / mes faiblesses

✳ J'ai besoin d'attention

Quand je suis fatiguée ou que j'ai mal quelque part, j'en rajoute parfois un peu, je fais le bébé. Je joue la comédie, j'extrapole pour que Paga prenne soin de moi, m'apporte un chocolat ou me fasse un massage. Je peux être une vraie gamine quand je veux, et je pense que ce sera comme ça toute ma vie.

✳ Je suis spirituelle

Je crois au destin, à une certaine philosophie de vie et j'ai la foi. J'ai toujours été très croyante, mais pas du tout pratiquante. Depuis la mort de mon grand-père de cœur qui était très croyant et très pratiquant, j'ai l'impression qu'il est toujours proche de moi. Allumer une bougie blanche, me poser près d'un olivier pour parler avec lui, je ne l'aurais jamais fait auparavant mais mon instinct m'y a poussée. Ça m'aide au quotidien, ça me permet de rester toujours optimiste.

✳ Je manque d'assurance et je doute toujours

Dans tout ce que j'entreprends, j'ai toujours l'impression que je n'y arriverai pas. Ça me donne une incroyable volonté, je me donne les moyens pour aller toujours plus fort, toujours plus loin. Face à mes peurs et mes angoisses, je me fixe des défis pour avancer. Si ça ne marche pas, j'aurai au moins essayé.

✳ Je suis travailleuse

J'ai commencé à travailler à l'âge de 14 ans et je n'ai jamais arrêté. Que ce soit dans la restauration ou maintenant, en tant que candidate de télé-réalité et influenceuse, je me donne à fond dans tout ce que j'entreprends.

En amitié, je suis entière et généreuse

Mon hypersensibilité me porte parfois préjudice. On a profité de ma gentillesse et de ma générosité par le passé, donc j'ai une sorte de blocage aujourd'hui. J'ai très peu d'amis parce que j'ai extrêmement peur d'être déçue. Quand je noue une relation, je le fais à 100 %. J'ai tellement été seule, j'ai manqué d'affection et d'attention. Donc si j'ai l'opportunité de créer une belle amitié, je fais tout pour cette personne. Mais j'attends de la réciprocité. Lorsqu'on me fait du mal ou qu'on me trahit, il n'y a pas de retour en arrière possible. Même pas de dispute, ni d'insultes : je vais seulement ignorer la personne qui m'a déçue, la faire disparaître de ma vie et l'oublier à tout jamais.

J'aime / J'aime pas

J'aime

· chanter dans le studio d'enregistrement de Paga
· l'honnêteté et la générosité
· manger du pop-corn au cinéma
· les romans de Guillaume Musso
· écouter des chansons tristes d'Adele
· porter des bobs et des chapeaux
· les shootings photo
· la mannequin Irina Shayk
· rêver aux cascades d'Irlande
· le film de Nick Cassavetes *N'oublie jamais*
· la cuisine épicée venue d'Afrique
· partir pour une journée de randonnée
· le rôle d'Ally Campana incarné par Lady Gaga dans *A Star Is Born*
· conduire en musique et fenêtre ouverte quand il fait beau
· partager des moments en famille
· la couleur blanche
· surfer au coucher du soleil
· *Les Hommes viennent de Mars, les femmes de Vénus*, de John Gray
· filer sous la douche le matin
· les chaussettes polaires pour cocooner à la maison en hiver
· Jamie Dornan et Brad Pitt

J'aime pas

· le chocolat noir
· l'hypocrisie
· les hommes qui portent des marcels
· me faire dévisager dans la rue
· les aubergines
· les gens qui font du bruit en mangeant la bouche ouverte
· les oreilles et les ongles sales
· passer le péage sur l'autoroute et m'apercevoir que je suis trop loin de la borne
· les ballerines
· sortir de la douche quand il fait froid
· remplir des papiers administratifs
· les personnes hautaines qui prennent les autres de haut
· les restes de nourriture quand je fais la vaisselle
· les pieds moches

2.

DE LA RESTAURATION *à la télé-réalité*

MA PREMIÈRE AVENTURE : *la villa des cœurs brisés 6*

La toute première fois qu'on m'a abordée pour faire de la télé-réalité, j'avais 18 ans et j'étais chez Zara, à Marseille, avec Jacques, mon grand-père de cœur. Je passais en revue les jupes dans les rayons. Deux jeunes femmes, une blonde et une brune, se sont approchées de moi et m'ont proposé de passer un casting pour une émission de télé-réalité. Elles m'ont donné leur carte en me proposant de les appeler.

Sur la carte, j'ai lu : Banijay Production. Mais à ce moment-là, je ne connaissais pas du tout ce nom. En voyant ça, je me suis dit : « C'est de la connerie ce truc .» Du coup, je ne me suis même pas renseignée et j'ai zappé. Pas une seconde, à ce moment-là, je ne pensais faire de la télé-réalité, d'autant que mon idée fixe, c'était alors de partir à l'étranger.

De retour de voyage, quand je travaillais à l'Annex Beach, j'ai reçu sur Instagram un message privé d'une casteuse à la recherche de nouveaux candidats pour une émission. Et là, je me suis dit : « Giu, si ça te revient, si on te sollicite à plusieurs reprises, ça vaut le coup de s'y intéresser. » Donc j'ai répondu au message et passé un casting vidéo via FaceTime.

EN TANT QUE CŒUR BRISÉ ANONYME, JE DEVAIS ME CONFIER SUR MON PARCOURS SENTIMENTAL ET RENCONTRER DES PRÉTENDANTS.

J'étais très contente parce qu'après le casting, on m'a annoncé que j'allais intégrer directement l'aventure en tant que cœur brisé anonyme, pas en tant que prétendante. L'idée du programme me plaisait : c'était une émission dans laquelle je devais me confier sur mon parcours sentimental, avec une « love coach », et rencontrer des prétendants. Ma problématique était : je me lasse vite en amour. Avec mon passé familial, j'étais très solitaire et ***j'avais du mal à m'attacher.***

Tout en en aimant mon travail dans la restauration, j'ai vu cette proposition de faire de la télé-réalité comme une expérience supplémentaire. La découverte d'un monde que je ne connaissais pas, l'opportunité d'apprendre des choses qui me feraient grandir. Et au pire, si c'était une erreur, ce n'était pas grave : j'ai toujours su me relever et ***je me relèverais.***

En l'occurrence, cette aventure, *La Villa des cœurs brisés 6*, s'est révélée catastrophique pour moi. Ça s'est très mal passé. J'ai été très mal considérée et je n'ai d'ailleurs jamais compris pour quelle raison. J'imagine que je n'étais pas une assez bonne candidate aux yeux de la production, qui m'a donc virée du tournage comme une malpropre en inventant des choses horribles sur moi, avec toute une mise en scène pour faire croire que j'étais en couple à l'extérieur. J'ai eu toute la maison à dos, tout le monde s'est acharné contre moi.

LA SEULE CHOSE QUE LES CANDIDATS VEULENT, C'EST EXISTER DEVANT LES CAMÉRAS.

Sur ce tournage, j'étais mal, je voyais des caméras et des gens crier, se disputer. Comme je ne m'étais jamais intéressée à la télé-réalité auparavant, je débarquais dans un monde où je ne savais pas du tout à quoi m'attendre. D'ailleurs, quand on regarde les épisodes, on me voit toujours dans un coin, en retrait, en train d'observer les situations et les gens. En fait, je me demandais ce que je faisais là. Je ne m'amusais pas, personne ne s'intéressait à moi, les autres ne me parlaient pas, ne m'intégraient pas. La seule chose que les candidats voulaient, c'était exister devant les caméras, et j'ai beaucoup de mal avec ça.

Moi qui suis une fille simple et authentique, en général je ne me force pas. Et même si j'avais compris qu'il fallait se mêler des histoires, je n'y arrivais pas. Par exemple, je me suis disputée avec une candidate sur le tournage, et elle a voulu s'excuser auprès de moi devant les caméras. Je lui ai répondu que je ne voulais pas de ses excuses, qu'elle n'avait qu'à venir me voir quand il n'y aurait pas de caméra. Et je pense que ça, la production n'a pas trop kiffé.

Je n'avais pas compris le système de la télé-réalité, dans lequel il faut montrer ses histoires à ceux qui regardent : les téléspectateurs ont besoin de voir tout le déroulé – histoires d'amour, cris, pleurs, disputes – du début à la fin. Dans ma tête, je partais en vacances, vivre et être filmée. Basta. Je suis ressortie de cette première aventure très frustrée, au bord de la dépression.

JE N'AI PAS APPRIS À FAIRE DE LA TÉLÉ-RÉALITÉ.

Accepter les règles du jeu de la télé-réalité ne signifie pas être faux ni vivre des fausses histoires. Et pour le coup, je n'ai pas appris à faire de la télé-réalité : j'ai juste ***accepté d'entrer dans ce monde***, de dévoiler mes sentiments, de ne pas avoir peur de tomber amoureuse, de dire ce que je pense parce qu'il y a des caméras. Et à rester moi-même tout en étant filmée.

Je pense que c'est aussi une histoire d'encadrement et d'intégration. Selon moi, la production ne met pas assez en valeur les nouveaux, ne prend pas l'initiative de les conseiller, de les diriger et de les rassurer. ***L'assurance et la confiance***, je pense que ce sont pourtant les clés pour assurer un tournage.

OBJECTIF : RESTE DU MONDE (Marrakech)

Après cette expérience malheureuse dans *La Villa des cœurs brisés 6*, Banijay Productions est revenu vers moi. C'était la boîte de production qui m'avait abordée chez Zara quand j'avais 18 ans. La casteuse s'est souvenu de moi et m'a appelée pour me proposer de participer à une nouvelle émission sur W9. Avec ce que je venais de vivre, j'avoue que je n'étais pas hyper emballée.

TU AS DU CARACTÈRE ET TU ES DRÔLE, TU PEUX APPORTER BEAUCOUP AU PROGRAMME.

Je suis quand même montée à Paris pour rencontrer le producteur. Il m'a dit : « Giuseppa, tu as beaucoup de potentiel, tu as du caractère et tu es drôle, tu peux apporter beaucoup au programme et je pense que tu as été mal produite, qu'on ne t'a pas intégrée ni expliqué comment se passait un tournage de télé-réalité. » Ses paroles m'ont permis de reprendre confiance en moi. Entendre quelqu'un qui croit en toi, que ce soit à la télévision ou dans ton travail, ça fait du bien, surtout quand tu traverses des moments de doute.

Cette fois-ci, ***l'aventure a été incroyable***, j'ai été super bien intégrée. Je me suis sentie tellement bien dès les premiers jours que j'ai foutu le bordel. J'étais moi-même, j'étais fofolle, drôle, j'allais fourrer mon nez partout parce que dans la vraie vie, je suis comme ça. L'essentiel, c'est de se sentir bien là où on est. ***Je suis une fille hyper extravertie***, je peux rigoler ou crier et tout le monde va

m'entendre. Je suis très spontanée, je ne réfléchis pas avant de dire les choses. Le secret, c'est d'être à l'aise. Si tu es à l'aise, il n'y a aucun problème. En l'occurrence, je l'étais, que ce soit devant les caméras ou derrière, avec l'équipe de production.

CE SONT JULIEN BERT ET NIKOLA LOZINA QUI M'ONT SURNOMMÉE P'TITE GIU.

Tout le monde m'adorait parce que j'étais la petite gamine qui foutait le bordel, qui rigolait, qui faisait des blagues, qui se moquait des gens mais jamais méchamment, tout le temps gentille mais qui gueulait aussi tout le temps pour rien. **Exactement celle que je suis** dans la vie de tous les jours.

Julien Bert et Nikola Lozina m'ont très vite surnommée P'tite Giu. J'étais la petite protégée de la famille du Reste du Monde, ils m'ont prise sous leur aile et je suis rapidement devenue la mascotte de l'aventure.

Ce que j'aime, c'est que, caméra ou pas, avec les candidats et la production, on se parle tous, on est en lien et on vit l'aventure ensemble. Les affinités, les amitiés se créent et rien ne change quand les caméras s'éteignent. Ce qui n'était pas du tout le cas dans ma précédente aventure.

LES MARSEILLAIS *vs le Reste du monde 6*

Il y a eu une ***vraie évolution*** entre les tournages *Objectif : Reste du Monde (Marrakech)* et *Les Marseillais vs le Reste du monde 6*. Quand je suis arrivée à Marrakech, personne ne connaissait mon parcours : j'ai eu le même sentiment qu'à Saint-Martin à 18 ans. Entourée d'adultes qui ne me connaissaient pas sur le tournage, j'étais libre d'être moi. Une fille de 19 ans. Dans *Objectif : Reste du Monde*, les candidats voyaient que j'étais mature pour mon âge, mais je n'avais pas envie de mettre en avant cette facette de moi, car j'étais là pour profiter pleinement de cette aventure sans me prendre la tête.

J'adore être P'tite Giu, la plus jeune de l'aventure, la petite protégée, mais je voulais ***dévoiler une autre facette*** de ma personnalité. Dans *Les Marseillais vs le Reste du monde 6*, je me suis rapprochée de Paga. J'ai voulu montrer que je n'étais pas qu'une gamine, c'était important pour moi. Mon histoire avec Paga m'a permis de le prouver naturellement.

J'ADORE ÊTRE P'TITE GIU, LA PETITE PROTÉGÉE, MAIS JE VOULAIS DÉVOILER UNE AUTRE FACETTE.

Étant donné qu'il est beaucoup plus âgé que moi, je voulais signaler aux autres que Paga ne se mettait pas en couple avec une gamine. Ainsi, dans le cross, les candidats m'ont découverte différemment : comme une fille de 20 ans, mais qui a plutôt 25 ans mentalement. Avec plus de recul et de maturité, capable

d'avoir de bons raisonnements sur toutes les situations. Dans les deux aventures, j'ai été moi-même, je n'ai pas joué de rôle. Cela m'a permis de nouer des relations sincères avec les autres candidats. En l'occurrence, j'ai découvert des personnes qui comptent aujourd'hui pour moi et qui sont devenues des amis que je côtoie en dehors des aventures. Je pense notamment à Hilona, Julien Bert, Bastos, Victoria, Mélanie ORL, Greg et Maeva.

MA RENCONTRE *avec Paga*

Jamais je n'aurais pensé rencontrer l'amour dans le monde de la télé-réalité. J'avais déjà fréquenté des garçons de ce milieu, et ces histoires avaient été des erreurs pour moi. En partant sur le tournage *Les Marseillais vs le Reste du monde 6*, je n'aurais jamais imaginé faire ***la rencontre qui a changé ma vie.***

Deux ou trois semaines avant le début de l'aventure, Paga m'a écrit en MP sur Instagram. Je ne lui ai pas répondu. Au moment où le tournage a commencé, j'étais en froid avec mon ex qui m'avait trompée. Je revenais un peu dans un mood règlements de compte. Quand j'ai croisé Paga, je ne lui ai pas prêté attention, encore hyper contrariée par ma relation précédente.

Les jours passaient et on se taquinait, on rigolait ensemble, sans qu'il y ait d'ambiguïté de mon côté. Quand mon ex a enfin quitté l'aventure, ça a été un soulagement pour moi, tandis Paga ne lâchait pas l'affaire car je lui plaisais vraiment, physiquement et mentalement. Il a tout fait pour être présent et me séduire. À ce moment, j'ai ouvert un peu les yeux, j'ai réalisé que j'étais plus heureuse sans mon ex et j'ai commencé à entrer dans un jeu de séduction avec Paga. Ça a mis un peu de temps, parce que je ne savais pas où je voulais aller, ce que je voulais faire.

J'AI RÉALISÉ QUE J'ÉTAIS PLUS HEUREUSE SANS MON EX ET J'AI COMMENCÉ À ENTRER DANS UN JEU DE SÉDUCTION AVEC PAGA.

La réputation d'homme à femmes de Paga me faisait un peu peur et je lui en faisais part. À la télé, on a mis plus d'un mois et demi à se mettre en couple. On s'est embrassés lors de la soirée déguisée Cosmo. Quand on s'est mis ensemble, on savait déjà que ça allait être une longue histoire, sérieuse. Avant ce premier baiser, on s'était déjà fait beaucoup de promesses.

Sans surprise, notre couple a été la cible de critiques. On m'a accusée de « michetonner » Paga, de profiter de lui, de son argent et de sa notoriété. Honnêtement, ça ne m'a pas vraiment atteinte. Je sais ce qu'on vit tous les deux et la chance qu'on a, sentimentalement parlant, d'être ensemble. En revanche, ce qui m'a fait mal au cœur, et je pense que c'est le cas pour toutes les filles qui se mettent en couple dans une télé-réalité, c'est d'exposer mes sentiments, ***mon histoire d'amour***, et de voir ma sincérité remise en cause par quelques commentaires mal intentionnés.

JE SAIS CE QU'ON VIT TOUS LES DEUX ET LA CHANCE QU'ON A, SENTIMENTALEMENT PARLANT, ***d'être ensemble.***

GIUSEPPA VUE *par sa famille de télé-réalité*

GIUSEPPA PAR **BASTOS**

Giuseppa, c'est un soleil ! Elle a toujours beaucoup d'énergie, elle est toujours positive, elle rigole tout le temps. Elle met beaucoup de sourire autour d'elle. C'est aussi une battante, elle n'a pas forcément eu une jeunesse hyper facile, mais elle s'est toujours débrouillée, toujours adaptée. ***Elle n'a besoin de personne, c'est une mini boss !*** Son naturel est très touchant, elle exprime vraiment ce qu'elle ressent. Elle est très marrante, impulsive et spontanée. Dans la télé-réalité, les gens qui viennent pour jouer un rôle, créer des histoires de manière artificielle, ce sont des gens qui ne peuvent pas être appréciés. Comprendre comment bien faire de la télé, c'est se connaître soi-même, être sincère, laisser les vraies émotions sortir. Je l'ai encouragée à lancer sa chaîne YouTube, je la considère comme ma petite sœur. Elle a juste à être elle-même, il suffisait de lui montrer l'aspect technique. Je ne lui ai pas donné de conseils, parce que je pense qu'elle a toutes les clés en elle, dans son caractère. Plus on est naturel et transparent, plus ça touche les gens et ils s'attachent à nous. Ce bagage d'honnêteté et de sincérité, Giuseppa l'a naturellement.

GIUSEPPA PAR **MAEVA**

Giuseppa, c'est ma copine. Je l'adore ! Elle est naturelle, rigolote, spontanée et très attachante. Elle me donne beaucoup de bons conseils, elle est très juste. Dans notre dernière aventure *Les*

Marseillais au Mexique, elle a été là pour moi et elle m'a beaucoup aidée.

Elle me touche parce que je connais sa vie, je sais que ça a été dur quand elle était plus jeune, qu'elle a travaillé très tôt. Ça a fait d'elle une femme forte, mature et débrouillarde à seulement 20 ans. Elle est épatante pour son âge. Giuseppa, elle me fait beaucoup penser à moi. Elle est indépendante et ambitieuse. Les femmes comme ça, je les admire. J'adore ce qu'elle fait sur les réseaux sociaux parce qu'***elle assume ses défauts, elle apprend à s'aimer avec ses imperfections.*** Et elle aide toutes les jeunes filles qui s'identifient à elle. Je n'ai jamais vu Paga aussi amoureux, Giuseppa, c'est la bonne pour lui. Paga sortait beaucoup et Giuseppa lui apporte la stabilité et la maturité qu'il n'a jamais trouvées chez une femme. Il lui fallait une femme de caractère comme Giuseppa. Eux deux, ça va marcher. Tout ce qui lui arrive, elle le mérite parce que c'est quelqu'un de bien, et je lui souhaite plein de belles choses pour la suite. Continuer les aventures avec nous, et pourquoi pas intégrer notre famille des Marseillais, je l'espère !

GIUSEPPA PAR **MELANIE ORL**

J'ai rencontré Giuseppa en isolement à l'hôtel avant de commencer le tournage

de *La Villa des cœurs brisés 6* : je l'ai trouvée très intrigante et très discrète. J'ai tout de suite eu envie de la prendre sous mon aile, parce que je savais que c'était sa première aventure. J'ai découvert une fille avec un gros caractère, un peu fofolle mais qui cachait une hypersensibilité, une vie pas aussi facile qu'elle pouvait laisser paraître et de l'amour à revendre. Sa maturité, sa façon de réfléchir et de s'exprimer par rapport à son âge m'ont étonnée. Quand elle m'a raconté sa vie beaucoup plus en détails, j'ai compris d'où cela venait. En tant qu'amie, elle est toujours à l'écoute, disponible et de bon conseil. Juste, droite et réfléchie. Elle va dire ce qu'elle pense avec beaucoup de tact, que ce soit agréable à entendre ou pas. ***On a les mêmes défauts. On est très impulsives***. On s'énerve, on s'emballe très vite et très fort. Être vrai, dire ce qu'on pense et ne pas se renfermer sur soi, c'est le secret pour être un bon candidat de télé-réalité. Sa force, c'est son authenticité. Elle donne confiance à sa communauté, elle n'a pas peur de se montrer naturelle. On n'est pas différents des gens qui nous suivent en fait. Sa communauté lui fait confiance et se reconnaît en elle. Sur les réseaux, je pense que c'est son gros point fort. Elle est suivie par beaucoup de jeunes et elle les aide à s'accepter, c'est trop beau. Les filtres, ça peut facilement complexer. D'autant qu'on fait partie d'une génération où il n'y a que du harcèlement et des moqueries. ***C'est vraiment une battante.*** Elle réussira dans la vie parce qu'elle a cette force mentale, ce courage qui fait que quoi qu'il arrive, elle retombera sur ses pattes et ira de l'avant. Ce petit bout de femme, elle est incroyable, elle n'a jamais baissé les bras et elle arrive à tout exploser dès qu'elle entreprend quelque chose.

GIUSEPPA PAR **VICTORIA**

Avec Giuseppa, on a commencé par se friter sur les réseaux sociaux. Mais dès qu'on s'est rencontrées, on a tout de suite accroché. Elle est très simple, ne se prend pas la tête et se fout du regard des autres. Rencontrer des gens spontanés dans le milieu dans lequel on évolue, c'est rare. Je l'aime beaucoup. C'est une de mes seules bonnes copines à qui je fais confiance et qui appartient au milieu de la télé-réalité. Je sais qu'elle n'utilisera jamais des infos perso contre moi, et elle me l'a déjà prouvé. Elle est aussi hyper paradoxale, et moi j'aime bien les gens complexes plutôt que les gens lisses. Elle est très mature, mais ça peut aussi être un gros bébé. C'est mignon cette naïveté, parce qu'on peut lui faire croire un peu tout et n'importe quoi. Giuseppa dit souvent qu'elle est bête, mais elle est très loin d'être bête : elle n'a pas forcément la culture générale, mais elle a l'intelligence de la vie, et ça, ce n'est pas négligeable. Elle est toujours de très bon conseil et je l'écoute. Je sais qu'elle n'a pas eu une vie toujours facile et c'est pareil pour moi. On en a chié toutes les deux, on le sait mais on ne s'en parle pas forcément. Quand on se voit, on évite de plomber l'ambiance. Les personnes qui ne sont pas nées privilégiées savent d'où elles viennent. Et je pense que ça nous rapproche aussi, qu'on se comprend. Quand on se voit, on fait des trucs tout simples : McDo, pyjama, télé et papotage. On aime les beaux endroits, même si on n'a aucun problème à s'asseoir par terre. ***Guiseppa, elle est tout-terrain***. C'est une bosseuse, elle ne se repose pas sur ses acquis : elle pourrait se contenter de faire de la télé, mais elle fait ses placements, sa chaîne YouTube, des shootings et son livre. Elle multiplie les projets parce que la télé ce n'est pas une fin en soi pour elle, je le sais. Je pense que ce n'est que le début, elle va aller très loin. Je lui souhaite de réussir dans tout ce qu'elle entreprend, mais je ne me fais pas de souci pour elle. C'est une débrouillarde, elle y arrivera toujours.

GIUSEPPA PAR **GREG**

Giuseppa, elle est naturelle, spontanée, solaire. Et c'est une très belle fille ! Elle a du caractère, elle n'a pas sa langue dans sa poche et, ***malgré son petit gabarit, elle ne se laisse pas faire.*** On a parfois eu des embrouilles et elle a toujours été très sincère. Elle dit toujours ce qu'elle pense, elle ne sait pas faire semblant. J'aime ça, parce que ce n'est pas une fille qui parle derrière le dos des gens : elle dit les choses en face. Giuseppa, c'est une fille atypique : elle sait où elle va et elle est très mature pour son âge. On a un peu le même schéma familial, on a grandi sans notre papa. Ça ne se voit pas forcément, elle le cache bien, mais Giuseppa manque de confiance en elle. Paga, c'est mon meilleur ami, c'est mon frère. Je ne l'ai jamais vu aussi heureux, aussi apaisé et bien dans sa vie que depuis qu'il est avec P'tite Giu. Elle lui apporte beaucoup d'amour. Elle a le cœur sur la main, c'est une fille très généreuse. Leur maison est toujours ouverte : ils savent accueillir, faire plaisir et te font sentir comme chez toi chez eux. Je pense que Giu et Paga se sont bien trouvés, et c'est beau. Paga, c'est le côté folie, hyperactif, et Giuseppa le canalise. Maintenant je n'attends plus qu'une chose : qu'ils fassent un bébé. J'ai envie d'être tonton !

Portrait chinois
Si j'étais…

UNE FLEUR / UN ARBRE :
Un olivier, l'arbre préféré de mon grand-père de cœur.

UN ANIMAL :
Une colombe, qui symbolise pour moi la paix mais surtout la liberté.

UNE PIERRE PRÉCIEUSE :
Une émeraude, comme sur la bague que je porte tous les jours.

UNE SAISON :
Le printemps, parce que c'est le renouveau de la nature et il fait bon, ni trop chaud, ni trop froid.

UN SON / UN BRUIT :
Le bruit de la pluie.

UNE MUSIQUE :
Une mélodie jouée au piano.

UNE CÉLÉBRITÉ :
Margot Robbie, une actrice que j'aime beaucoup, aussi belle que naturelle.

UNE COULEUR : Le blanc.

UN MÉTIER :
Avocate, c'est ce que je voulais faire quand j'étais plus jeune.

UNE CHANSON :
Ti amo d'Umberto Tozzi, une chanson qui me rappelle plein de bons souvenirs avec Paga.

UNE SÉRIE :
My name, le thriller sud-coréen de Kim Jin-Min.

UN DESSIN ANIMÉ :
Oggy et les cafards, mon dessin animé préféré quand j'étais enfant.

UN PERSONNAGE DE FICTION :
Batman.

UN ANTI-STRESS : La boxe.

UNE DEVISE / UN MANTRA / UNE CITATION :
« Ce qui ne me tue pas me rend plus fort » (Nietzsche).

UN PAYS : L'Indonésie.

UNE ÎLE : Saint-Martin.

✳ **UNE VILLE :**
Calenzana, en Haute-Corse, la ville natale de mon grand-père de cœur.

✳ **UN PLAT À DÉGUSTER :**
La tartiflette.

✳ **UN FRUIT :** La framboise.

✳ **UNE BOISSON :**
Une eau gazeuse parce que ça pétille !

✳ **UNE GOURMANDISE :**
Un Raffaello de Ferrero.

✳ **UN PARFUM :**
La fleur de coton.

✳ **UN VÊTEMENT :**
Un pyjama.

✳ **UN BIJOU :**
Une bague, pour le raffinement et la symbolique qu'elle représente dans une vie.

✳ **UN SPORT :**
Le surf.

✳ **UN LUXE :**
Voyager.

✳ **UN DÉGUISEMENT :**
Un déguisement d'alien, celui que je portais lors du premier baiser avec Paga, lors de la soirée cosmo dans *Les Marseillais vs le Reste du monde 6*.

✳ **UN PLAISIR :**
Partager des moments en famille.

✳ **UN RÉSEAU SOCIAL :**
Instagram.

✳ **UN HASHTAG :**
#naturelle.

✳ **UNE ÉMOTICÔNE / UN SMILEY :**
Le cœur blanc.

✳ **UNE QUALITÉ :**
La simplicité.

✳ **UN DÉFAUT :**
Chiante !

✳ **UN SUPERPOUVOIR :**
La téléportation.

✳ **UNE AMBITION :**
La stabilité.

3.

UNE INFLUENCEUSE *pas comme les autres*

MA COMMUNAUTÉ, *une bande de potes*

L'aventure de la télé-réalité a commencé pour moi par simple curiosité. Quand j'ai été sollicitée par des boîtes de production pour passer des castings, j'ai vu ça comme ***une nouvelle expérience***, l'occasion de découvrir cet univers. Il est clair que je n'aurais jamais imaginé à quel point cela changerait ma vie. Après un premier tournage malheureux, j'ai pris goût à la télé-réalité lors de ma participation à *Objectif : Reste du Monde* (Marrakech). Et à partir de là, j'ai rapidement pris conscience de la chance que j'avais.

Je ne dirais pas que je fais de la télé-réalité juste pour le plaisir, même si c'est très agréable. Ce serait faux. Je fais de la télé parce que cela m'apporte de la notoriété, un métier qui me plaît, du temps pour moi, pour ma famille. Je suis pleinement consciente de tout ce que la télé-réalité a apporté dans ma vie. Financièrement, ça me permet de construire mon avenir plus rapidement et d'aider ma famille. Bien sûr, qu'il y a une part d'opportunisme, c'est la vérité et je ne vais pas le cacher. Mais faire de la télé-réalité, pour moi, c'est surtout ***une énorme chance.***

NOUS, LES CANDIDATS DE TÉLÉ-RÉALITÉ, NOUS N'AVONS NI TALENT NI MÉRITE.

Dans la vie, il y a des gens qui font des années d'études pour s'accomplir et faire carrière. Je pense par exemple aux médecins, aux avocats. D'autres ont une passion et s'investissent pleinement pour devenir des sportifs accomplis ou de grands artistes. Ils cultivent leur talent, ils le travaillent jour après jour et concentrent tous leurs efforts pour être plus performants, devenir meilleurs dans leur domaine.

Dans la télé-réalité, on a juste eu de la chance. Selon moi, 70 % des personnes qu'on croise dans la rue pourraient intégrer une émission de télé-réalité. Et ils pourraient tout à fait être à notre place. Je suis persuadée que n'importe qui pourrait être à ma place. À partir de ce constat, je me dis : « Giu, tu n'as pas de talent, donc fais au moins quelque chose de bien ! » Je veux saisir cette chance de faire de la télé-réalité et d'être devenue influenceuse, ***je veux donner du sens*** à ce qui m'arrive.

Tout est allé très vite du côté des réseaux sociaux. J'ai encore du mal à réaliser que plus de 910 000 personnes me suivent sur Instagram. Le nombre d'abonnés a explosé au moment de la diffusion d'*Objectif : Reste du Monde (Marrakech)*. C'était surprenant d'atteindre aussi vite le cap des 500 000 followers. Dans ma tête, je revois toujours mon Instagram d'avant la télé-réalité, qui comptait 2 000 abonnés.

Je suis hyper reconnaissante pour cette opportunité, et je travaille chaque jour pour être à la hauteur de la confiance que m'accordent mes abonnés. On dit souvent sur les réseaux sociaux qu'on a la communauté qu'on mérite, qu'elle nous ressemble. Et je n'aurais pas pu rêver mieux. J'ai la chance d'avoir une communauté drôle, authentique, sincère et bienveillante. Je ne l'échangerais pour rien au monde. Quand j'exprime ma tristesse dans un post, je reçois du soutien. Quand je poste un truc drôle, ma communauté est réceptive et enchaîne derrière. ***On est vraiment connectés***, je ressens que mes abonnés ont bien compris qui je suis et nos échanges sont très sincères.

CE SONT MES ABONNÉS QUI M'ONT FAIT PRENDRE CONSCIENCE QUE JE POUVAIS LES AIDER.

J'ai le sentiment que mes followers se sont attachés à moi comme si j'étais une de leurs amies. Et c'est exactement la même chose pour moi : ma communauté, c'est ma bande de potes. D'ailleurs, ce sont mes abonnés qui m'ont fait prendre conscience que je pouvais aussi les aider. Je me suis confiée sur mes problèmes de peau et j'ai compris l'impact et l'utilité que cela pouvait avoir grâce à leurs réactions.

Je n'ai pas envie d'être égoïste, d'avoir autant de personnes qui me suivent et de ne penser qu'à moi. Au contraire, j'estime que c'est bien d'essayer d'aider les autres. Quand on n'est pas connu, on peut aider une personne dans la rue. Quand on est influenceur, avec la notoriété et les followers, on peut ***aider*** plus de personnes sur les réseaux sociaux. Et ça me semble important de le faire, ou au moins d'essayer.

JE N'AI PAS ENVIE D'ÊTRE JUSTE UNE VENDEUSE SUR LES RÉSEAUX SOCIAUX. J'AI ENVIE D'ÊTRE UNE VRAIE INFLUENCEUSE.

Malheureusement, je n'ai pas les numéros et les contacts directs des personnes qui me suivent, mais je m'endors le soir en espérant que chacune de mes stories et chacun des efforts que je fais pour les jeunes filles, les garçons ou leurs parents, que mon travail d'influenceuse aide des gens. Parce que je n'ai pas envie d'être juste une vendeuse sur les réseaux sociaux. J'ai envie d'être une vraie influenceuse... et d'***influencer dans le bon sens.***

C'est une responsabilité aussi, j'en suis tout à fait consciente. Il faut que j'agisse pour donner le bon exemple. Si une fille de 14 ans me suit, je la considère comme une petite sœur que j'ai envie de guider sur le bon chemin.

Je ne suis pas un exemple sur tous les points, mais aujourd'hui, en tant qu'influenceuse, je me dois d'en être un parce que je suis suivie par des milliers de personnes. ***Ma force, c'est d'être moi-même :*** je suis dans la vie comme sur les réseaux sociaux et je pense que c'est la clé de mon succès. Je suis plus fière d'aider des filles et des garçons sur mes réseaux sociaux que de recevoir mon salaire tous les mois. Bien sûr, on peut en douter, mais c'est la stricte vérité.

Ma plus grande fierté, c'est de recevoir des messages de mamans ou de papas qui m'écrivent qu'ils sont contents que leur enfant suive et s'identifie à une fille comme moi. Quand on me dit dans la rue : « tu es la seule fille de télé-réalité que je suis sur les réseaux sociaux » parce que les candidats de télé-réalité sont de moins en moins bien vus, c'est une vraie satisfaction de me distinguer et de sortir du lot. Ça me donne aussi beaucoup de force et une plus grande confiance en moi.

“IL FAUT RÉUSSIR
À SE SENTIR
bien dans
sa peau
SANS ARTIFICE.”

M'ACCEPTER *comme je suis*

Pendant une période de ma vie, j'étais très superficielle, je faisais des injections dans les lèvres, je mettais des extensions de cils et je me maquillais tous les jours. Par exemple, si je travaillais à 8 heures, je mettais le réveil à 6 h 30 pour me maquiller. Impossible de sortir de chez moi sinon. Ce n'est que maquillée, bien habillée, pimpée, que j'avais l'impression d'être Giuseppa, avec de l'assurance et de la confiance en moi.

Mais dès que j'enlevais tout ça, j'avais l'impression d'être une personne moins sereine, moins coriace, moins déterminée. À force de me maquiller tous les jours, j'avais pris l'habitude de me voir telle que je n'étais pas. Il existait vraiment un contraste entre les deux, avec ou sans artifice. Comme c'était tout ou rien, j'ai compris qu'il y avait un vrai problème. Psychologiquement, je pense qu'il faut réussir à se sentir bien dans sa peau sans artifice et à s'aimer comme on est.

Le déclic est arrivé au début de mon histoire d'amour avec Paga. Quand on est sortis de l'aventure Les *Marseillais vs le Reste du monde 6*, ***on avait une vie à 2 000 à l'heure***, et je n'avais plus le temps de me maquiller ni de m'habiller. Je recevais tout le temps des messages sur les réseaux sociaux de personnes qui m'écrivaient des messages comme : « Tu devrais prendre plus soin de toi, Paga va se lasser. Si tu ne te maquilles pas, si ton mec ne te voit pas un peu jolie de temps en temps, il va se barrer. » Et j'en parlais avec Paga, parce que je n'en revenais pas de ce que les gens se permettaient d'écrire. Il me disait que j'étais magnifique sans maquillage et qu'il m'aimait comme ça. J'espère que beaucoup de mecs disent ça à leur copine, parce que ça en aiderait plus d'une de ***se sentir belle au naturel*** dans les yeux de son amoureux !

AVANT, JE POUVAIS PASSER DES HEURES À RÉFLÉCHIR À COMMENT J'ALLAIS M'HABILLER.

En délaissant tous ces artifices, j'ai réalisé que je me sentais beaucoup mieux. À la base, ce n'était pas par envie, mais par manque de temps que je m'apprêtais moins, que je ne me maquillais plus. En étant naturelle, je me prenais moins la tête, tout était plus fluide. Je ne me cassais pas la tête le matin, devant mon armoire, à me demander ce que j'allais porter. Avant, je pouvais passer des heures à réfléchir à comment j'allais m'habiller. J'étais le genre de fille pour qui la journée était gâchée si je me sentais mal habillée. Maintenant, si c'est le cas, je m'en fiche. Si je n'étais pas avec Paga, je ne suis pas sûre que j'aurais eu ce déclic si tôt : peut-être que ma prise de conscience aurait été plus tardive.

SI JE N'ACCEPTE PAS MON REFLET DANS LE MIROIR, ALORS JE VAIS ME CACHER TOUTE MA VIE.

Évidemment ce n'est pas un chemin facile et ça prend du temps, l'acceptation de soi. Je ne me trouve pas jolie quand je me regarde dans le miroir. Je ne me dis pas : « Whaou ! Quelle bombe atomique ! » Mais, en réalité, je m'aime bien, et je m'aime comme ça. Avec mes cernes, mes boutons, mon teint gris. De toute façon, il n'y a que deux solutions : soit j'accepte, soit je n'accepte pas. Si je n'accepte pas mon reflet dans le miroir, alors je vais me cacher toute ma vie... et après, quoi ? Je n'accepterai pas de vieillir et je vais me rendre malheureuse.

Une fois que j'ai eu ce déclic personnel, j'ai eu envie de le partager sur les réseaux sociaux pour aider les autres jeunes filles. Pourquoi arriveraient-elles à s'identifier à des influenceuses refaites, et pas à une fille naturelle qui ne se maquille pas et qui n'utilise pas de filtre ? Pourquoi ne pas essayer de montrer autre chose ***pour les inspirer ?***

Réussir à s'accepter, c'est aussi découvrir une certaine forme de liberté et de pouvoir. S'aimer telle qu'on est, c'est devenir une femme puissante. Je n'ai rien contre les artifices, et j'en porte. L'essentiel, c'est

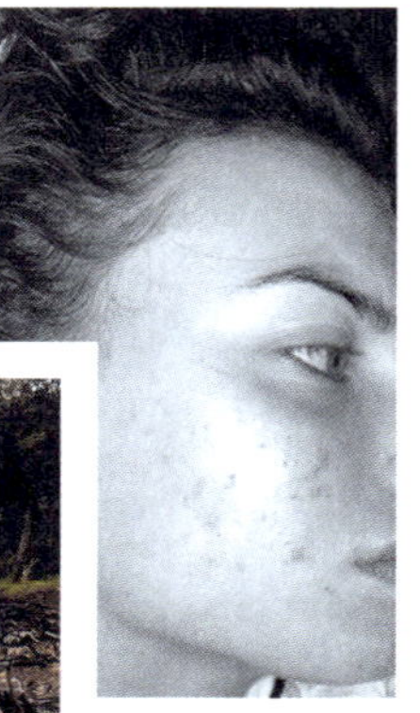

de trouver l'équilibre, le juste milieu. Des jours avec et des jours sans. C'est important de se faire jolie, d'être coquette de temps en temps pour nous, pour notre chéri, pour notre entourage. Et lorsque ça redevient occasionnel, on redécouvre cet effet whaou, qu'on n'apprécie plus quand on est tout le temps pimpée.

Auprès des jeunes filles, le message passe plus facilement via les influenceuses que par leurs propres parents. Je reçois des messages de parents qui m'écrivent pour que je parle à leur fille, parce qu'ils savent que j'aurai plus d'impact. La question des complexes n'est pas nouvelle. Quand j'avais 11 ans, je regardais la série *Ugly Betty*. Avec des boutons ou un appareil dentaire, les filles sont jugées, regardées de travers. Et c'est sûr qu'elles ne peuvent pas se mettre un filtre sur le visage pour aller au collège ou au lycée !

J'ai la chance de pouvoir parler de mes complexes, de pouvoir me confier à ma communauté. Je me suis souvent trouvée trop mince, pas assez grande alors que je rêvais de la taille mannequin. Dans leurs messages, mes abonnés me rassurent et me soutiennent. Ils me disent de rester comme ça, que je suis magnifique telle que je suis. Mais la plupart des jeunes filles n'ont pas cette chance de pouvoir trouver du réconfort. Quand je poste une story sur mes problèmes de peau, je pense aussi que ça permet aux garçons de voir une vraie fille, de ***casser les clichés*** et les stéréotypes de la femme parfaite. C'est pour toutes ces raisons qu'il faut se servir de plus en plus des réseaux sociaux pour diffuser des messages positifs. Je veux aider tous les jeunes gens qui se sentent mal dans leur peau ou dans leur tête, que ce soit pour des complexes physiques, une orientation sexuelle ou des difficultés à s'intégrer dans la société.

« S'AIMER TELLE
QU'ON EST,
C'EST DEVENIR
***une femme
puissante.*** »

PARTAGER MA VIE, *mes expériences, mes up and down*

Je suis hypersensible, je suis très bavarde et, dans la vie, ***j'ai besoin de beaucoup me confier*** quand je discute avec mon entourage. Du coup, c'est aussi venu très naturellement sur mes réseaux sociaux.

Je suis exactement comme mes abonnés : une fille de 20 ans avec ***ses complexes, ses doutes.*** Problèmes de peau, filtres, vêtements, style vestimentaire, poids : j'essaie vraiment d'être hyper transparente et le plus lucide possible pour faire en sorte que toutes les personnes qui me suivent puissent s'identifier à moi.

J'ai lancé ma chaîne YouTube P'tite Giu en novembre 2021. J'avais envie d'un nouveau terrain d'expression. Dans un vlog, je peux raconter et partager beaucoup plus de moments de ma vie, ce que je ne peux pas proposer en story sur Instagram. Les abonnés peuvent me découvrir différemment, sur un format plus long qui tourne autour de 15 minutes : ça crée une autre proximité.

L'IDÉE DE MA CHAÎNE YOUTUBE, C'EST VRAIMENT D'EMBARQUER MES ABONNÉS DANS MON QUOTIDIEN.

Avec des vlogs comme 24 heures avec Paga et moi, notre retour de tournage au Mexique, notre nouvel an au ski. Et je n'hésite pas à filmer des moments où je me sens moins bien : mon coup de blues et mes pleurs quand Paga est parti seul en tournage, ou ma crise d'angoisse sur les pistes de Courchevel.

Comme on aime les choses simples avec Paga, qu'on vit en France (même si je n'ai absolument rien contre les gens qui vivent à Dubaï) et qu'on a finalement gardé une vie semblable à celle qu'on avait avant la télé-réalité, je pense que le public s'identifie facilement à nous.

Ma chaîne YouTube, c'est un peu comme le prolongement des émissions de télé-réalité où on débarque chaque soir dans le salon des téléspectateurs.

J'ai récemment reçu un prix YouTube, pour célébrer le cap des 100 000 abonnés sur la chaîne YouTube P'tite Giu. Et désormais, ma chaîne compte 268 000 abonnés.

J'ai sans cesse de nouvelles idées pour faire évoluer ma chaîne. Par exemple, j'ai envie de recevoir d'autres personnalités de la télé-réalité pour ***des discussions à cœur ouvert,*** de créer des vidéos beaucoup plus clipées, en musique. Je prends de plus en plus de plaisir à créer du contenu, et je ne suis pas près d'arrêter.

ET LA NOTORIÉTÉ *dans tout ça ?*

Je ne réalise pas du tout ce que je représente pour le grand public. J'ai gardé cette image de moi avant la médiatisation. Quand je marche dans la rue, je ne me pose pas de questions, je n'ai pas d'appréhension. Je n'ai jamais non plus le réflexe de me cacher pour qu'on ne me reconnaisse pas quand je sors.

Être abordée dans la rue, ça me fait toujours plaisir.

En général, ce sont des personnes qui sont contentes de me voir. Elles nous connaissent, à travers les aventures et les réseaux sociaux, alors que nous, on ne les connaît pas. Mine de rien et malgré toutes les critiques, on rend des gens heureux. Nous croiser et échanger, ça leur fait plaisir parce qu'ils nous apprécient. Et si on peut procurer ne serait-ce que deux secondes de bonheur dans une journée, ça nous fait plaisir.

IL FAUT GÉRER LES RAGEUX, LES JALOUX ET LES FRUSTRÉS. ÇA FAIT PARTIE DU JEU.

Je pourrais gagner autant d'argent, me cacher derrière les filtres et me trouver super jolie, mais je prends le risque de parler de mon poids, de mon acné, et donc de me faire critiquer, parce que je sais que ça aide certaines personnes.

Il faut gérer les rageux, les jaloux et les frustrés, ça fait partie du jeu. Certaines personnes pensent que dans la mesure où je suis influenceuse, que je fais des stories et que je partage ma vie sur les réseaux, je devrais toujours être belle et parfaite. ***Mais je suis comme tout le monde,*** et quand je me réveille le matin, en gueule de bois après le réveillon, ça se voit ! Sur mes réseaux, je dirais que 90 % des gens sont positifs. Mais ça laisse 10 % de rageux. Je ne suis peut-être pas souvent apprêtée, mais quand je me maquille et que je mets des talons, que je me fais belle, on le remarque. Sinon, on n'y prêterait plus attention.

J'aide les personnes à s'identifier à moi. Je pense que les jaloux aussi sont parfois en pyjama le dimanche matin chez eux devant Netflix, et qu'ils ne sont peut-être pas aussi beaux que la veille en soirée.

On est tous pareils, et c'est ça la vraie vie !

Quand physiquement je me plais moins, avec ma perte de poids, mon visage creusé, mes problèmes de peau, ce genre de commentaires m'atteint. Bien sûr, quand tu as confiance en toi, tu sais ce que tu vaux, rien ne peut t'atteindre. Mais quand tu traverses une période de doute, une critique peut blesser.

Quand je craque et que je pleure, je le montre aussi pour être honnête et transparente. Que ce soit un petit coup de déprime ou un ras-le-bol par rapport aux messages des rageux. Je pousse parfois un petit coup de gueule, mais j'accepte les critiques : c'est le revers logique de la médaille. En tant qu'influenceuse, je m'exprime librement sur les réseaux sociaux, alors pourquoi les autres n'auraient-ils pas le droit de le faire aussi ?

COMME UNE ENVIE *de simplicité*

Avant, j'adorais faire les magasins, acheter des fringues, bien m'habiller, me maquiller. Mais plus le temps passe et moins c'est le cas.

Bizarrement, depuis que j'ai les moyens de m'acheter des beaux sacs, de faire du shopping dans des boutiques de luxe, ça m'attire beaucoup moins. Très bien gagner ma vie m'a permis de me rendre compte de ***la vraie valeur des choses***.

MA PLUS GRANDE FIERTÉ, C'EST DE POUVOIR M'OFFRIR CE QUE JE DÉSIRE PAR MES PROPRES MOYENS.

M'acheter un beau sac, ça reste bien évidemment un plaisir. Mais ce n'est pas juste le plaisir d'avoir des marques et de le montrer sur les réseaux sociaux. Ma plus grande fierté, c'est de pouvoir m'offrir ce que je désire par mes propres moyens. Pour moi, le plaisir il est là : si tu veux t'acheter un sac ou une paire de baskets de marque, que tu mets 50 ou 100 euros de côté chaque mois et que tu arrives à l'acheter toute seule. Tu seras toujours plus heureuse de la porter parce que ***tu l'as obtenue par toi-même*** plutôt que si ce sont tes parents ou ton copain qui te l'ont offerte.

Il y a un objet symbolique dans mon parcours. Depuis toute jeune, j'ai toujours aimé les montres. Je disais à ma mère : « Quand j'aurai 20 ans, je m'achèterai une Rolex, tu verras. » Dès que j'ai eu assez d'argent, j'ai acheté ma montre. Pour le coup, je n'ai pas hésité une seule seconde. Ce n'était pas un caprice, cette montre de luxe à mon poignet : c'était la concrétisation d'une promesse que je m'étais faite d'aller de l'avant quelles que soient les difficultés.

Désormais, je sais que je peux entrer dans une boutique des Champs-Élysées et m'acheter un super cadeau. Mais je me pose toujours la question : cet argent, ne vaut-il pas mieux le mettre de côté sur un PEL (plan épargne logement) pour acheter un appartement ou une maison ?

AVOIR LES PIEDS SUR TERRE ET NE JAMAIS OUBLIER D'OÙ JE VIENS.

Ce qui me permet de bien avancer et de garder la tête froide, c'est d'avoir les pieds sur terre et de ne jamais oublier d'où je viens. Les gens m'apprécient parce qu'ils voient que ***je ne suis pas bling-bling***, que je ne suis pas superficielle. Je gagne très bien ma vie, et pourtant je ne vais pas tout flamber en sacs ou en montres de luxe. Je ne critique pas ceux qui le font, parce qu'à partir du moment où tu as les moyens, tu fais ce que tu veux de ton argent. J'aurais la possibilité de le faire financièrement, mais ça ne fait pas partie de ma mentalité.

J'aime m'habiller, mais je ne suis pas passionnée par les fringues. Je ne suis pas une influenceuse mode. J'ai du goût, je sais assembler des vêtements, créer des tenues, porter de la couleur, mais je ne suis pas la fille qui va donner des conseils ou faire des tutos sur ses réseaux sociaux. Je serais incapable d'expliquer la façon dont je crée un look.

Je ne prête pas beaucoup d'attention à mon look et je ne veux pas passer une heure dans mon dressing pour savoir comment je vais m'habiller. Devant mon armoire, c'est au petit bonheur la chance. Soit je trouve une belle tenue rapidement, soit, au-delà de dix minutes, je prends deux trucs et basta ! Tant mieux si ça matche, et sinon tant pis, ça ne va pas me gâcher la journée. D'ailleurs, si je savais commenter mes « outfits of the day » ou donner des conseils mode, je le ferais. Ce serait un atout en plus pour mes réseaux sociaux.

LA CHIRURGIE ESTHÉTIQUE *& moi*

On reproche à la télé-réalité de banaliser la chirurgie esthétique auprès d'un public jeune, à travers les aventures diffusées à la télévision et via les réseaux sociaux.

J'ai révélé publiquement que j'avais fait refaire mes seins à l'âge de 18 ans ***pour sensibiliser les jeunes filles*** et les mettre en garde. C'est un sujet qui me tient particulièrement à cœur.

Je suis intimement convaincue – et mon expérience l'a prouvé – qu'à 18 ans, il est beaucoup trop tôt pour subir une opération chirurgicale à visée esthétique. Personnellement, je regrette de l'avoir fait si jeune : j'ai réalisé que cette augmentation mammaire aurait mérité des années de réflexion supplémentaires.

J'étais certes complexée par ma petite poitrine, mais comment savoir si, au fil du temps, je ne l'aurais pas acceptée, voire appréciée ? À l'époque, je n'aimais pas non plus mon nez, ni mes dents que je trouvais trop imposantes. Heureusement, je n'ai pas cédé à l'appel du bistouri pour transformer mon visage. Aujourd'hui, je sais qu'il fait partie de mes atouts physiques.

À 18 ans, on a tout un tas de complexes et on ne sait pas encore que certains d'entre eux vont disparaître naturellement avec le temps. En revanche, il y a une chose dont je suis sûre : lorsqu'on est jeune, on n'a pas assez de recul, d'expérience et de ***maturité*** pour savoir si on va accepter son corps tel qu'il est ou non.

“ACCEPTER
SON CORPS
***demande
du temps.***”

JE NE ME RECONNAISSAIS PLUS
avec ces nouveaux seins.

Une grande majorité des mannequins actuels ont une petite poitrine. Elles peuvent se permettre des maxi décolletés, jouer avec les codes du masculin-féminin et créer des silhouettes androgynes. Bref, elles peuvent tout porter car tout leur va. Mais tout ça, à 18 ans, je n'en avais pas conscience. Si c'était à refaire, je ne ferais sans doute pas augmenter la taille de ma poitrine.

Heureusement, j'ai opté pour une taille de prothèses discrète, mais après mon opération, j'ai eu beaucoup de mal à m'habiller. Dès que je mettais un décolleté, je me trouvais trop sexy, limite vulgaire. Je ne me reconnaissais plus avec ces nouveaux seins. En sortant du bloc opératoire, il faut réussir à accepter ce corps étranger qui ne fait pas partie de soi. Aussi bien les prothèses que la nouvelle silhouette qu'elles dessinent.

On n'imagine pas forcément ***les conséquences de la chirurgie esthétique.*** Avoir des formes qui ne sont pas naturelles peut renvoyer aux autres une image à l'opposé de ce que l'on est vraiment. Même si on est une fille bien, qui se respecte, on va attirer les regards, se faire aborder dans la rue. À ce moment-là, le physique n'est plus forcément en adéquation avec la personnalité. Comment a-t-on envie d'être vue ? Comment souhaite-t-on être perçue par des inconnus ? Ce sont autant de questions auxquelles il faut réfléchir avant une intervention.

La chirurgie esthétique peut être destructrice, physiquement et psychologiquement.

Au-delà du regard des gens, le bouleversement majeur s'est passé en mon for intérieur. L'impact du changement physique entraîne des conséquences psychologiques sur n'importe quelle femme, et d'autant plus importantes sur une fille de 18 ans. ***Modifier son corps*** n'a rien d'anodin. La chirurgie esthétique peut être destructrice, physiquement et psychologiquement.

En revanche, je ne suis pas contre la chirurgie esthétique si elle est vraiment réfléchie. Lorsqu'un complexe subsiste, handicape au quotidien et rend malheureuse pendant des années, bien entendu la chirurgie peut y remédier et s'imposer comme la solution. Mais je suis persuadée qu'il faut à tout prix ***savoir attendre,*** quitte à vivre des moments difficiles pour être absolument sûre de son choix.

TATOUAGES : *ma vie à fleur de peau*

Chaque tatouage reflète celle que je suis. Les histoires qui ont marqué ma vie, celles que j'ai envie de garder sur moi, dessinées sur mon corps. ***Mes cinq tatouages se lisent comme un journal intime.***

LA VIE GRÂCE À DIEU

Sur la nuque, une croix chrétienne avec une ligne de vie – la ligne cardiaque – qui descend le long de la colonne vertébrale.

Ce tatouage symbolise la vie grâce à Dieu, parce que je suis croyante. C'est mon premier tatouage et sans aucun doute celui que je préfère. Au-delà de sa signification qui compte beaucoup pour moi, il est aussi assez sexy quand je suis dos nu.

TRACER SA ROUTE

Sur le poignet, une forêt très sombre dans laquelle serpente un minuscule chemin très clair.

Ce tatouage est vraiment particulier pour moi. J'ai eu une période de ma vie où j'étais très triste et renfermée sur moi-même. Je cherchais mon chemin, je ne savais pas ce que je voulais faire de ma vie, quelle femme je voulais devenir. J'ai fait ce tatouage pour me rappeler que, même dans les moments les plus difficiles, on peut se prendre en main pour trouver sa voie. Même lorsqu'on est au fond du trou, on peut et on doit se relever pour continuer à avancer.

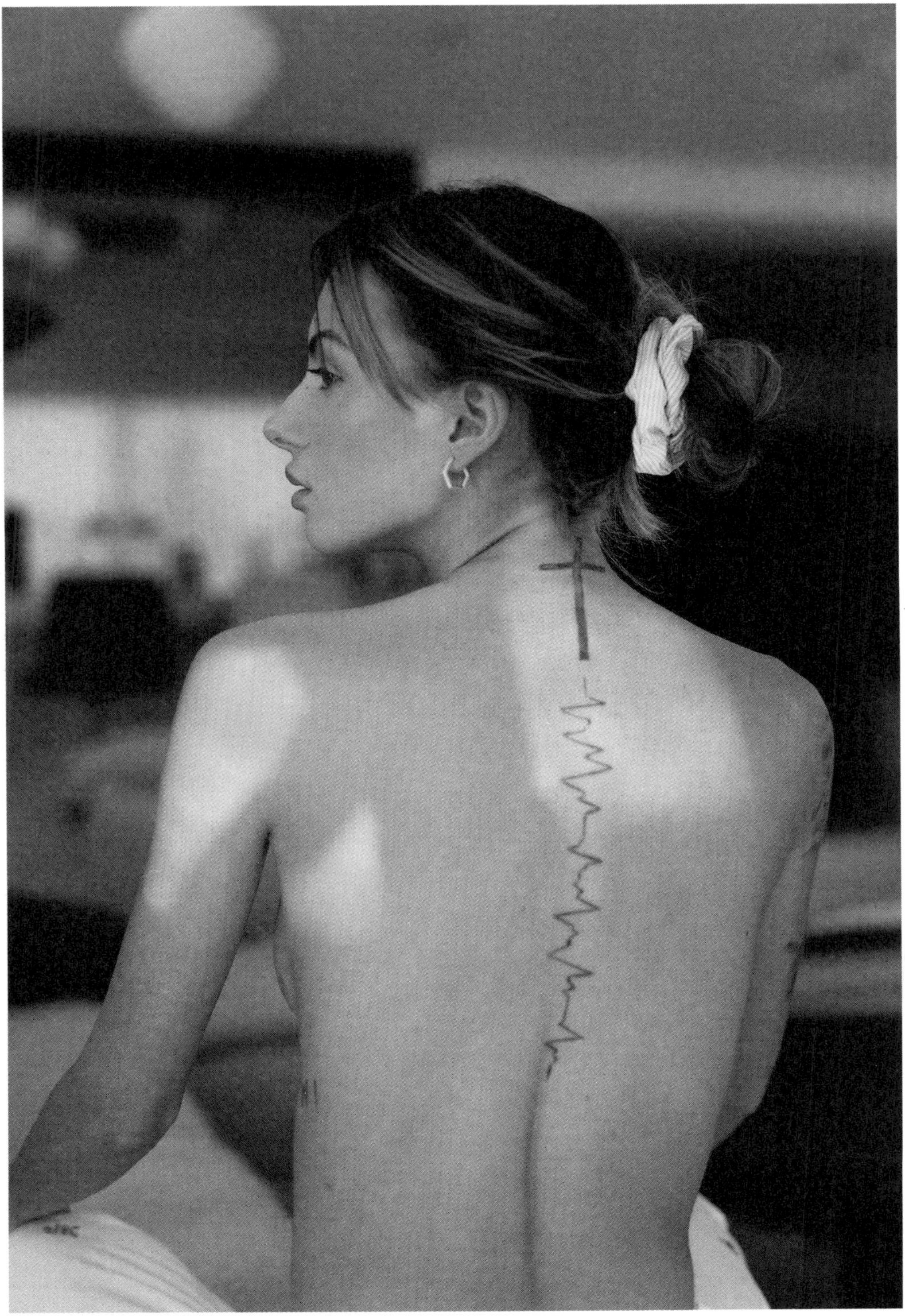

FEARLESS

Sur mon épaule droite, la silhouette d'une femme en haut d'une falaise.

Ce tatouage est souvent mal interprété et associé à la mort : les gens pensent que la femme se jette dans le vide. Au contraire, il symbolise la liberté : n'avoir peur de rien, ne pas craindre de se jeter dans le vide, de sauter dans l'inconnu. Quand tu as la tête pleine, tu pars te balader, observer le paysage depuis une falaise, respirer le grand air, et cela permet d'y voir plus clair, de mettre de l'ordre dans tes idées.

CŒUR DE ROCHE

Sur mon bras droit, un cœur de roche dont certaines parties sont ajourées et laissent passer la lumière.

Il signifie la force et la sensibilité, le fait de cacher ses faiblesses et de savoir les dévoiler quand il le faut. Ce tatouage illustre bien qui je suis, le yin et le yang, les traits de caractère majeurs qui peuvent paraître opposés et composent pourtant ma personnalité. À la fois, je sais traverser les épreuves, me relever, mais je suis aussi hypersensible et je vis très intensément toutes les émotions.

VOYAGES, VOYAGES

Trois lettres sous mon sein : FWI comme French West Indies.

Pour toujours me souvenir du voyage qui a changé mon état d'esprit, ma façon d'être, mon rapport aux autres. À 18 ans, je suis partie toute seule à Saint-Martin et j'y ai passé six mois de pur bonheur. Je me suis redécouverte et j'ai énormément évolué là-bas. Pour rien au monde je n'effacerai ce tatouage, qui symbolise un vrai tournant dans ma vie.

LES DESSOUS DES *placements de produits*

Les placements de produits ont beaucoup contribué à dégrader l'image des candidats de télé-réalité et à créer des conflits entre les influenceurs et leurs abonnés. Ils ont plutôt ***mauvaise réputation sur les réseaux sociaux.***

Quand j'ai commencé les placements de produits, je n'y connaissais rien. Je n'étais pas une fille des réseaux, mais je savais que c'était un travail qui permettait à tous les influenceurs de gagner leur vie.

J'acceptais donc les marques que me proposait mon agence, et je postais. Je n'imaginais pas les dangers et les déceptions qu'il pouvait y avoir derrière. Pour être honnête, au début, comme tout le monde j'y ai vu un intérêt financier.

LA MARQUE NOUS ENVOIE UN BRIEF À RESPECTER, AVEC LES ÉLÉMENTS À PRÉCISER ET LE FAMEUX CODE PROMO.

Concrètement, la marque démarche l'agence pour une publicité avec des influenceuses. L'agence sélectionne les personnalités les plus bankables en s'assurant que ces profits vont rentabiliser le prix payé par la marque, créer du contenu de qualité et faire de l'opération un succès. Si la marque valide le choix de l'agence dont je fais partie, j'accepte ou non. Et je décide comment je veux intégrer le placement de produit ***pour qu'il colle à mon quotidien***.

La marque nous envoie un brief à respecter, avec les éléments à préciser – ingrédients du produit, vegan, pas de test sur les animaux – et le fameux code promo. Certaines marques demandent des previews pour valider le contenu avant la mise en ligne et précisent parfois les horaires auxquels elles souhaitent qu'on poste la publicité.

Par le passé, j'ai fait des erreurs avec certains placements de produits, en m'associant avec des marques qui pratiquent le drop shipping. C'est une pratique légale : des marques achètent un produit via un fournisseur sur AliExpress ou une autre plateforme, puis le revendent plus cher sur leur site. Les abonnés se retrouvent alors avec un produit qu'ils auraient pu acheter beaucoup moins cher ailleurs, et sont bien entendu déçus.

En refusant le drop shipping, je travaille avec moins de marques, mais avec des marques de qualité qui ont un service clients top.

J'ai toujours mis un point d'honneur à aider mes abonnés en cas de problème sur un achat, à contacter la marque ou à les rembourser, le cas échéant.

J'AI RÉDUIT À 3 OU 4 LE NOMBRE DE MES PLACEMENTS DE PRODUITS PAR JOUR.

J'échange beaucoup avec mon agent. Je vérifie que la marque ne pratique pas le drop shipping et je mène ma petite enquête en regardant leur compte Instagram, les avis clients. Si je vois qu'une pub n'a pas fonctionné, que les gens n'étaient pas contents, je ne la refais pas. Il m'est arrivé de faire beaucoup trop de placements de produits certains jours, et je me mets à la place de ma communauté qui peut trouver ça abusé. Je vais peut-être gagner plus d'argent, mais perdre la confiance ou le taux d'engagement de ma communauté.

J'ai réduit à 3 ou 4 le nombre de mes placements de produits par jour. Je veille à répartir les placements de produits dans la journée (matin, midi et soir) et surtout à les intercaler avec du contenu lifestyle non sponsorisé. Les placements de produits, ***c'est un vrai travail***, contrairement à ce que certains pensent. Cela prend beaucoup de temps de créer du contenu de qualité.

Je privilégie les partenariats sur le long terme, les marques qui me sollicitent plusieurs fois dans le mois et celles que je préfère. Je sélectionne au maximum, mais j'ai de plus en plus de demandes avec l'augmentation rapide de ma notoriété. Il y a eu une évolution dans les marques qui

me demandent, et je suis très fière d'avoir été sollicitée par des marques comme MAC Cosmetics, Urban Decay, Philips ou Savage x Fenty, la marque de lingerie de Rihanna.

Je précise encore une fois qu'on n'oblige personne à acheter. Quand tu vas dans un centre commercial, tu ne rentres pas dans les 100 magasins, tu vas peut-être dépenser ton argent dans une seule boutique. Les placements de produits, c'est exactement pareil : ***chacun est libre de se laisser tenter ou pas.***

4.

AUJOURD'HUI, *et demain ?*

MON HISTOIRE D'AMOUR *avec Paga*

Ces derniers mois, ma vie a beaucoup changé. Sentimentalement et professionnellement parlant. Tout a été très vite depuis ma rencontre avec Paga sur le tournage *Les Marseillais vs le Reste du monde 6*.

On avait envie de ne jamais se quitter, d'être toujours l'un avec l'autre. On s'est installés ensemble dans la maison que Paga vient d'acheter, on a pris nos chiens.

Notre relation m'a fait grandir et avancer, elle m'a donné envie de voir toujours plus de choses.

Quand je ne vais pas bien, c'est l'épaule sur laquelle je peux me reposer. Paga est très affectueux, tendre, gentil. On est soudés et je sais qu'on sera toujours là l'un pour l'autre.

Je pense qu'avant Paga, je n'avais pas rencontré ***le véritable amour.*** Paga, c'est ma moitié : mon meilleur ami, mon amoureux, mon amant.

C'est ce mix qui fait que ça marche. On est sur la même longueur d'onde et je suis persuadée que notre histoire va durer. Pourtant, on passe beaucoup de temps ensemble.

Certains couples se lèvent le matin pour aller travailler et se retrouvent le soir. Nous, on n'a pas cette vie-là. On travaille depuis la maison, donc on est ensemble une grande partie de la journée. Mais on sait aussi ***laisser respirer l'autre***, faire des activités chacun de notre côté pour mieux nous retrouver.

Bien sûr, on a des hauts et des bas qu'on ne montre pas forcément sur les réseaux sociaux. Quand on se dispute, on ne pense pas à filmer une story ! On veut aussi se préserver et garder notre jardin secret.

On communique beaucoup. C'est notre force. Comme dans tous les couples, on a des grosses disputes, des grosses crises. Parfois, il nous arrive aussi de péter des câbles pour des bêtises, mais si c'est important, on pose les choses sur la table, on en discute et on trouve des solutions aux problèmes.

Je n'ai que 20 ans, mais je suis convaincue qu'***il n'y a pas d'âge pour être en couple***. Les parents de Paga se sont rencontrés à 15 ans, ils ont 65 ans aujourd'hui et ils sont toujours aussi amoureux l'un de l'autre.

On profite beaucoup, entourés de nos familles et de nos amis. On adore recevoir chez nous, faire plaisir à notre entourage. Il y a une superbe entente entre nos deux familles. On aime se retrouver à la maison, avoir de longues discussions, jouer à la pétanque, partager des moments simples tous ensemble, autres que faire la fête, aller au restaurant ou au cinéma.

On se sent bien dans cette maison qu'on a décorée ensemble et qu'on a voulue chaleureuse.

On vit avec nos deux chiens, Brioche et Biscotte, des Loulou de Poméranie. J'avais repéré Brioche dans un élevage avec lequel je discutais. Et Paga m'a fait la surprise d'aller chercher la petite boule de poils pour me l'offrir.

Quinze jours plus tard, pour que Brioche ne soit pas toute seule, je voulais qu'elle ait un petit copain pour pouvoir jouer et avoir de la compagnie quand on la laisse seule à la maison. Paga était contre. Mais lorsque l'élevage m'a envoyé une photo de Biscotte, Paga a craqué direct. Un coup de cœur ! Et 24 heures plus tard – c'est lui qui ne pouvait plus attendre – le Spitz nain nous avait déjà rejoints.

Depuis toute petite, ***je rêvais d'avoir des chiens.*** Brioche et Biscotte font des petites bêtises mais, au final, ils sont si tendres, ils nous apportent tellement de bonnes ondes, de détente et d'amour inconditionnel ! Je les considère vraiment comme mes enfants et je ne pourrai plus me passer de cette bonne humeur qu'ils mettent chaque jour dans notre vie.

ON VIT AVEC NOS DEUX CHIENS,
Brioche et Biscotte,
DES LOULOU DE POMÉRANIE.

Paga, c'est
MA MOITIÉ :
MON
MEILLEUR AMI,
MON AMOUREUX,
MON AMANT.

Pour le moment, on est heureux tous les quatre et j'ai enfin trouvé la stabilité sentimentale que je cherchais. J'ai toujours dit qu'avant de me marier et de faire des enfants, j'avais besoin de profiter de la vie à deux, avec mon amoureux.

Je veux tout découvrir, voyager, tout voir avec lui. Et quand on aura des enfants, on pourra leur raconter, on aura un magnifique livre de photos de nos plus belles expériences à leur montrer. On doit pouvoir les faire rêver, faire briller leurs yeux et leur dire que viendra leur tour de vivre toutes ces belles choses.

Je ne vais pas faire un enfant maintenant alors que je n'ai pas encore vécu grand-chose avec mon chéri hormis des tournages de télé-réalité. Même si c'est super sympa, ce n'est pas ça que j'aurai envie de raconter à nos enfants lorsque nous serons tous ensemble.

GIUSEPPA *par Paga*

Giuseppa, c'est une fille qui n'a besoin de personne. Elle a un vécu particulier, a connu plus de bas que de hauts, ce qui l'a rendue ***très mature***. Il ne lui manquait que l'amour et elle l'a trouvé !

Même si j'ai 34 ans, dans ma tête j'en ai 27-28... et Giuseppa, dans sa tête, elle a aussi 27-28 ans, voire plus : donc ce qui est incroyable c'est qu'il n'y a pas de différence d'âge entre elle et moi. En tout cas, on ne la ressent pas du tout.

Nous nous sommes rencontrés sur le tournage *Les Marseillais vs le Reste du monde 6*. Et ça a été ***le coup de foudre !***

Giuseppa a tout ce que je recherche chez une femme : la maturité, la gentillesse, la beauté, l'indépendance, l'écoute et la compréhension.

ENTRE GIUSEPPA ET MOI, C'EST UNE ÉVIDENCE. C'EST MA DESTINÉE !

On a commencé à se dire plein de petits secrets, à se regarder avec amour au bout de quelques jours. Ça a été la fusion totale. On avait envie de s'embrasser mais on ne le faisait pas, on voulait attendre et surtout on ne voulait pas le faire en cachette. On voulait s'imposer en disant : « Ok, il y a la différence d'âge, on ne s'y attendait pas à ce coup de foudre mais il est bien là. » Quand je parle avec elle, j'ai l'impression qu'elle est mon reflet, que c'est la même que moi. On a des caractères de cochon tous les deux. Entre Giuseppa et moi, c'est une évidence. C'est ma destinée ! Je lui ai tout de suite fait des promesses et donné des preuves de mon amour en lui proposant d'emménager chez moi. Avec une fille comme ça, dès le début de notre histoire, je n'avais pas le droit d'être au trot, il fallait que je sois au galop.

On kiffe jour après jour, on profite de chaque instant, on savoure le présent. Avec Giuseppa, je vis chaque jour comme si c'était le premier de notre couple. Je me réveille le matin et je me dis : « Whaou trop méchant ! J'ai ma chérie à mes côtés ! » et je mesure ma chance.

Mon amour avec Giuseppa, il est ultra-super-méga puissant. Quand on est en dispute, ça sharke de tous les côtés. Mais ***je sais que c'est la femme de ma vie.***

Giuseppa, c'est une fille vraie qui ne passe pas par quatre chemins : si elle a un truc à te dire, elle te le dit. Elle est spontanée et quand elle aime, elle donne tout, en amitié comme en amour. En revanche, si tu la déçois, elle te le fera comprendre et bien comme il faut. Elle n'a rien à prouver, elle a tellement de valeurs et elle est tellement sûre d'elle après ses expériences. Son seul défaut, de temps en temps, c'est d'être une chipie : elle a mauvais caractère quand elle est mal lunée.

Elle se gère, mais avec moi, c'est un gros bébé. Dans l'intimité, elle a besoin de câlins, de réconfort, de tendresse, de mots doux. Je l'aime à l'infini. Ça passe entre les galaxies, entre les comètes, ça traverse les univers, les stratosphères, ça évite tout !

Elle est particulière, elle est atypique, ***elle a quelque chose en plus*** par rapport aux autres nanas. Elle m'apporte la stabilité, elle me fait grandir, elle me consolide et dans mon travail, elle est là pour me conseiller, me diriger et vice versa. Je l'aide autant qu'elle m'aide. Même si elle ne veut pas toujours m'écouter, je sais que ça la travaille et qu'elle prend les bonnes décisions.

Elle a su transformer le négatif en positif, se forger une philosophie de vie. Elle a souffert, elle n'avait pas le choix et elle

“JE SUIS FIER D’ELLE PARCE TOUT CE QU’ELLE FAIT, C’EST SANS FILTRE ET ***ça vient du cœur.***”

s'est battue. Sa force, c'est de toujours avancer. De ne pas rester à se lamenter sur son sort.

Elle a réussi à s'imposer en six mois dans la télé-réalité, alors que les filles passent par toutes les étapes pour buzzer et pour gagner de l'argent. Elle est restée fidèle à elle-même, elle a gardé sa ligne de conduite et c'est une vraie travailleuse.

Giuseppa et moi, on aime les choses simples. On peut faire un voyage et claquer un gros billet pour se faire kiffer, mais ce n'est pas trop notre délire parce qu'on ne veut pas faire n'importe quoi de l'argent et qu'on n'a rien à prouver à quiconque.

On est heureux en ***vivant simplement***, et c'est comme ça que les gens nous aiment. On est très sociables et on adore recevoir. On a des envies de voyages, des tournages à venir, l'envie de profiter au maximum tous les deux.

Et d'ici l'année prochaine, mon souhait serait peut-être de mettre un petit bébé en route. Si ce n'est pas l'année prochaine, ce sera la suivante.

Je veux être heureux en amour et fonder une famille. Je ne lui mets pas la pression, mais je veux que ce soit elle la mère de mes enfants. Je l'espère du fond du cœur, parce que je sais que c'est une fille qui me correspond à 1 000 % ! Je veux juste qu'elle se sente bien et qu'elle me dise : « Ok bébé on y va, on passe à l'action parce que j'en ressens le besoin, parce qu'on a partagé pas mal de choses, ***parce que je sais que c'est toi.*** »

Giuseppa, ***je la vois comme une reine.*** Une reine a le pouvoir, le caractère, la beauté, le prestige. Une reine, ça domine et ça montre l'exemple. Et du coup, il faut la traiter comme une reine !

Ma bomba latina, je la vois évoluer dans la mode, dans la haute couture, parce qu'elle a des traits de visage incroyables et elle pourrait poser pour les plus grandes marques. Je la vois aussi réussir dans le cinéma et avoir une carrière à la Marion Cotillard ou à la Sophie Marceau.

LA STABILITÉ, *ma priorité*

Depuis toujours, ma plus grande priorité, c'est la stabilité. J'ai tellement vu ma mère galérer financièrement pour nous élever seule, mon frère et moi... Je pense que c'est ce qui a déclenché mon envie précoce d'être ***indépendante et autonome.*** J'ai toujours mis un point d'honneur à payer mon loyer à temps et à avoir un frigo rempli.

J'AI TOUJOURS CETTE ANGOISSE DE TOUT PERDRE.

Et même si aujourd'hui, je gagne très bien ma vie, l'angoisse de ne pas réussir est toujours présente. Échouer, ne pas me marier, ne pas avoir d'enfant, ne pas être propriétaire, ne pas pouvoir me couvrir en cas de besoin. Dans ma tête, il y a toujours cette petite voix qui me dit : « Tu n'y arriveras pas, ça ne va pas durer. » Même si je suis en train d'arriver à ce que je veux, j'ai toujours cette angoisse de tout perdre. Presque comme si j'allais me retrouver à la rue dans quelques années. Cette peur profonde, c'est aussi un moteur : elle me permet de me lever chaque jour déterminée à ce que ça n'arrive pas.

Professionnellement, j'ai pris un virage à 180 degrés en passant de la restauration au monde de la télé-réalité et de l'influence. Mais en aucun cas, je ne vais me contenter de ce que j'ai. Consciente de la chance qui m'est donnée, je me dois d'assurer et ***me tourner vers le futur.***

Je veux trouver la voie dans laquelle j'ai envie d'évoluer pour les dix prochaines années, dessiner les contours d'une carrière dans laquelle je m'épanouirai. En revanche, si un jour tout s'arrête, je n'aurais aucun problème à retourner travailler dans la restauration. C'est la vraie vie !

COMME JE N'AI JAMAIS EU DE DIPLÔME, JE PENSAIS QUE C'ÉTAIT IMPOSSIBLE POUR MOI D'AVOIR LE PERMIS.

Début 2022, j'ai atteint un objectif qui me tenait particulièrement à cœur : j'ai eu mon permis de conduire. Pour moi, c'est comme ***un rêve devenu réalité.*** Même si j'ai toujours été indépendante, je ne pouvais pas me déplacer comme je voulais. J'ai toujours compté sur des Uber ou sur des personnes de mon entourage. Je vivais comme un handicap le fait de ne pas conduire.

Comme je n'ai jamais eu de diplôme, je pensais que c'était impossible pour moi d'avoir le permis. Mais maintenant c'est chose faite, et en plus, j'ai pu acheter ma voiture : la totale ! C'est vraiment une nouvelle étape de ma vie, une grande fierté, même si ça peut paraître anodin pour certains. Le permis de conduire, c'était comme un point final pour être 100 % indépendante dans ma vie.

CONFIANCE ET MOTIVATION *pour embrasser mon destin*

Pour l'instant, on se sent bien avec Paga dans la télé-réalité. On a tourné notre première émission en couple dans *Les Marseillais au Mexique* et ça s'est très bien passé. J'ai réussi à faire ma place rapidement et je m'entends bien avec tous les candidats. Je fais vraiment partie de la famille du Reste du Monde et j'ai réussi à m'intégrer dans la famille des Marseillais avec Paga. Pour l'instant, je n'ai aucune envie d'arrêter la télé-réalité, parce que ça me plaît et que ça m'a fait grandir, humainement parlant. Je pense que j'en ferai encore quelques années mais je veux déjà anticiper l'après télé-réalité.

SI DE BELLES CHOSES M'ATTENDENT, JE LES ATTENDS, MAIS CERTAINEMENT PAS EN RESTANT LES BRAS CROISÉS !

Dans ma vie personnelle comme dans mon travail, tout s'est accéléré. Jamais je n'aurais imaginé avoir, à 20 ans, autant de projets et de portes qui s'ouvrent à moi. Professionnellement, je n'ai plus le même rythme de vie. Mes projets peuvent aller beaucoup plus vite. Je suis bien plus ***ambitieuse*** qu'avant. Je l'ai toujours été, mais maintenant j'ai envie de parcourir le monde, d'accomplir plein de choses. De me donner les moyens de voir plus grand !

Je crois au destin et au fait de se battre pour aller le chercher. ***Tout est écrit.*** Je ne me suis jamais reposée sur mes acquis. Le travail qui me fait vivre et le milieu dans lequel j'évolue aujourd'hui sont fragiles. Je n'ai pas de CDI. Tout peut s'arrêter demain : les collaborations avec les marques, les réseaux sociaux comme la télé-réalité. En ce moment, j'ai envie de concrétiser des projets et de dessiner mon futur.

LA VIE EST UN
DÉFI À RELEVER,
UN BONHEUR À
MÉRITER,
UNE AVENTURE
À TENTER.

MÈRE TERESA

PRÉPARER MON AVENIR *et celui des autres*

Ce qui m'arrive aujourd'hui, je le prends pour le futur. Pas pour le présent. Si on gagne de l'argent, l'essentiel, c'est d'en faire ***quelque chose de bien.*** J'en fais profiter mon entourage, notamment ma mère et mon frère qui n'ont pas toujours eu tout ce qu'ils méritaient par le passé. Mais plutôt que d'offrir des sacs de luxe à ma mère, je préfère l'aider en lui payant un plein de courses ou des mois de loyer. C'est comme ça qu'elle m'a éduquée aussi. Tiago, je préférerais lui offrir des livres, mais pour l'instant, ce sont plus le dernier iPhone, les belles baskets et la PlayStation 5 qui lui font plaisir. Alors je m'adapte à ses désirs !

Au-delà de l'aspect financier qui est loin d'être le plus important, je pense que ma mère et mon frère sont fiers de mon évolution. Et qu'elle a été bénéfique pour nous trois. Je suis toujours présente pour eux, même plus qu'avant. Avec ma mère, on a seulement 17 ans d'écart, il y a eu des étincelles et on avait plus un rapport de sœurs que de mère et fille. Aujourd'hui, on réussit à se parler sereinement de notre relation, les tensions sont apaisées et on adore ***cultiver nos moments de complicité.*** Elle a fait beaucoup de sacrifices pour nous élever seule. Et je suis contente parce qu'elle peut enfin penser à elle, à ce dont elle a envie et à sa propre ambition. Elle reprend des études pour devenir auxiliaire de vie auprès de personnes handicapées.

Quant à mon frère, Tiago, il a commencé son apprentissage en pâtisserie et il prend ça au sérieux. Je veux être à ses côtés pour lui inculquer les bonnes valeurs :

lui apprendre comment être un bon petit ami, comment se comporter au travail, comment se canaliser. Et qu'il devienne l'homme bien et indépendant que je vois déjà en lui.

C'EST UNE SATISFACTION BIEN PLUS GRANDE DE FAIRE GRANDIR ET D'INSPIRER MA COMMUNAUTÉ QUE DE FAIRE GONFLER MON COMPTE EN BANQUE.

J'ai des projets dans l'immobilier. On m'a toujours conseillé d'investir dans ce qui restera toute la vie : l'or et la pierre. J'essaie de convaincre ma banque de me suivre, même si ce n'est pas toujours facile parce que je suis encore toute nouvelle et toute jeune dans ce business. J'ai toujours eu cette intention, déjà quand je travaillais dans la restauration. C'est une valeur sûre et rentable. Chaque jour, je me lève le matin avec de ***nouveaux projets*** en tête, la volonté d'investir intelligemment mon argent pour continuer à bien vivre même si tout s'arrête.

On a parfois une mauvaise image de nous, les candidats de télé-réalité influenceurs. Mais aujourd'hui, je me bats pour transmettre de beaux messages sur mes réseaux sociaux et pour aider les gens qui me suivent plutôt que pour gagner beaucoup d'argent. C'est une satisfaction bien plus grande de faire grandir et d'inspirer ma communauté que de faire gonfler mon compte en banque.

Je veux continuer à aider les filles et les garçons à se sentir mieux dans leur peau. Et plus largement, ***à soutenir toutes les personnes qui ont du mal à trouver leur place dans la société actuelle.*** Ces dernières années m'ont vraiment fait évoluer dans le sens qui me plaît : j'ai su voir le positif dans le négatif, et je témoigne de mon parcours avant tout pour inspirer le plus de personnes possible.

LE SUCCÈS NE SE MESURE PAS À LA QUANTITÉ D'ARGENT QUE VOUS GAGNEZ, MAIS À L'IMPACT QUE VOUS AVEZ SUR LA VIE DES GENS.

MICHELLE OBAMA

MA PHILOSOPHIE *de vie*

À travers mon passé douloureux, j'ai souvent eu le sentiment d'être seule au monde, y compris lorsque j'étais entourée. Mais je sais que même face aux difficultés qu'on pense ne jamais pouvoir surmonter, il y a finalement toujours une lumière au bout du tunnel. Au fond d'un trou, il y a toujours un moyen de sortie… Et ce moyen de sortie, c'est à nous de le créer, de nous donner les moyens d'y arriver.

SE CONNAÎTRE SOI-MÊME, C'EST SAVOIR QUI ON A ENVIE D'ÊTRE ET CE QU'ON VEUT DANS LA VIE.

J'ai eu tendance par le passé à m'apitoyer sur mon sort, à me rabaisser et à laisser les autres me rabaisser. Je me suis donné les moyens de toujours aller de l'avant et de prouver aux autres qu'ils avaient tort. Tout s'enclenche lorsqu'on se pose les bonnes et les vraies questions : ***Qui suis-je vraiment ? Quels sont mes valeurs et mes principes ?***

On se connaît souvent à travers le regard des autres : en couple, avec nos amis ou notre famille. Mais se connaître soi-même, c'est savoir qui on a envie d'être et ce qu'on veut dans la vie. Une fois qu'on le sait, il suffit de tracer le chemin pour y arriver. Quand on se trouve, on est heureux et on le sait au fond de nous. La clé, c'est de réussir à se dompter et ne pas essayer de dompter les autres.

TOUT CE QUE J'AI VÉCU, JE PENSE QUE ÇA M'A DONNÉ LA BONNE ÉTOILE.

À la petite fille que j'étais, et à toutes les jeunes filles qui souffrent, je dirais : « N'aie pas peur, essaie d'apprendre, d'écouter et lance-toi dans ce que tu veux faire. ***Sois forte*** et arrête de douter de qui tu es, pour atteindre celle que tu veux devenir. Tout ce qu'il y a de mauvais autour de toi peut se transformer en positif, ce que tu vis maintenant sera gratifiant pour ton futur, c'est un mal pour un bien. »

Tout ce que j'ai vécu, je pense que ça m'a donné la bonne étoile. Les personnes qui vivent des moments difficiles dans leur vie, elles ont toutes une bonne étoile. Le destin existe, et les épreuves nous aident à être plus fort. Je crois qu'avant d'arriver sur terre, j'ai choisi ce parcours de l'abandon puis de l'indépendance. Cela m'a aidée à devenir meilleure et à ***devenir la femme que je suis aujourd'hui.***

Alors, que vous soyez complexés ou que vous ayez du mal à trouver votre place, apprenez à vous accepter et à vous aimer. Défendez vos valeurs et vos principes, ***ne changez pas*** pour vous intégrer et détachez-vous du regard des autres. Nous avons tous le droit à la différence et le potentiel d'accomplir nos rêves !

« S'AIMER SOI-MÊME EST LE DÉBUT D'UNE HISTOIRE D'AMOUR QUI DURERA TOUTE UNE VIE. »

OSCAR WILDE

FWI

RÊVES *& ambitions*

Les personnes qui ont toujours tout eu, je pense que ce ne sont pas forcément les personnes les plus heureuses. Les personnes capables de reconnaître et de ***savourer le bonheur*** sont celles qui ont été endurcies par la vie, qui ont galéré. Elles apprécient d'autant plus ce qu'elles ont.

Réussir sa vie, c'est juste être heureux comme on a envie de l'être. Trouver qui on a envie d'être et ce qu'on a envie de faire sans se soucier du regard des autres.

JE RÊVE D'HABITER DANS UN MAS, ENTOURÉE DE NATURE, DE CHEVAUX ET DE CHÈVRES.

Vivre comme dans une ferme, collecter le lait des chèvres pour fabriquer des fromages. Faire de l'équitation. J'imagine déjà Brioche et Biscotte qui se baladeraient en toute liberté sur notre terrain. J'ai envie que mes enfants grandissent avec des animaux. À côté de chez nous, il y a une maison entourée d'un grand terrain, et c'est vrai qu'elle me fait de l'œil.

Je pense que je suis définitivement ***une fille du Sud***. D'ailleurs, je ne suis jamais retournée dans le Nord depuis que j'ai déménagé. J'aime bien Paris pour les magasins, les restaurants, le sens de la fête et tous les amis à qui rendre visite dans la capitale. Mais quand je vais à Paris, ça ne me fait pas rêver : je suis contente de rentrer, de voir la nature, le soleil, le ciel bleu, les oiseaux qui chantent, les grands espaces.

SI JE CRÉE UNE MARQUE DEMAIN, ELLE SERA AMBITIEUSE SINON RIEN.

Côté professionnel, pourquoi ne pas lancer ma marque de mode ou de beauté un jour ? Mais je n'ai pas envie d'acheter des vêtements de grossiste pour les revendre sous mon nom sur mes réseaux sociaux. Si je crée une marque demain, elle sera ambitieuse sinon rien. J'ai besoin de temps pour identifier ce que je veux vraiment et me donner les moyens de m'***accomplir pleinement.***

Basculer de la télé-réalité au cinéma, ce serait incroyable. J'ai toujours été passionnée par les films, par les actrices. Je pense que des tas de femmes de 20 ans aimeraient être la future Angelina Jolie. C'est plutôt un rêve de petite fille qu'un projet en phase de concrétisation, sinon je prendrais des cours de théâtre et je passerais des castings. Toujours est-il que si on me proposait demain de tourner dans un film, je dirais oui bien évidemment !

L'AMOUR & moi

Quelle amoureuse suis-je ?

Je n'ai jamais été une grande amoureuse de l'amour. J'ai toujours été très indépendante et j'ai longtemps eu du mal à m'attacher. Avant de rencontrer Paga, je me lassais très vite. J'étais hyper enthousiaste au début de la relation et, au bout de deux mois, j'avais déjà envie de m'en aller et je rompais. Je n'avais encore jamais rencontré une personne qui me fasse assez vibrer pour rester.

Ce que j'ai appris en amour

Mes relations passées, au-delà de mes ex, sont surtout pour moi des expériences. Que ça se passe bien ou mal, joie ou déception amoureuse, au final ça nous fait évoluer. Je pense qu'on devient femme en rencontrant des hommes et qu'on apprend avec eux. Comment les hommes se comportent-ils avec nous ? Comment communiquer dans un couple ? Comment prendre soin de son chéri ? Comment être une bonne petite amie ? Chaque relation forge la femme qu'on devient. Et si mon couple avec Paga fonctionne, c'est parce que j'étais prête, que j'avais appris et lui aussi.

Ce que je ne supporte pas en amour

Les hommes qui pensent être au-dessus des femmes, qui s'estiment plus puissants, qui prétendent qu'une femme réussit grâce à eux. L'égoïsme, c'est tout ce que je déteste. Les hommes qui te tendent la main pour te faire sentir redevable et tout te renvoyer dans la figure le jour où ça ne va plus. J'en ai connus dans ma vie et ça m'a appris à ne jamais accepter d'être rabaissée par un homme ou traitée comme inférieure à lui !

Respect et égalité à la base du couple

La femme et l'homme sont sur un pied d'égalité à tous les niveaux. Y compris pour les tâches ménagères ! Dans un couple, je pense qu'il ne faut jamais lever la voix ni la main évidemment, ne jamais s'insulter, toujours se respecter.

Ce que je regarde en premier chez un homme

J'observe et j'analyse beaucoup le comportement et la manière d'être. Sa façon de parler, sa gestuelle, son attitude. Et notamment s'il regarde dans les yeux ou pas.

J'ai souffert en amour mais...

Je n'ai aucun regret. J'ai pleuré, j'ai crié, je me suis énervée, J'ai trahi, on m'a trahie. J'ai menti, on m'a menti. Tout ce que j'ai vécu, je le referais, parce que cela a contribué à faire de moi celle que je suis aujourd'hui.

SOS chagrin d'amour

Comme tout le monde, j'ai parfois cru que je ne me remettrais jamais d'une séparation. Quand on nous brise le cœur, on a l'impression qu'il ne se réparera jamais. J'ai parfois pensé que je ne rencontrerais plus jamais l'amour. Mais c'est passager. Ça fait mal un temps, puis on se remet. La vie est longue et nous réserve plein de futures rencontres !

Ce qu'aimer signifie pour moi

Quand j'aime, je suis capable de tout. Je pense que quand tu ne peux pas expliquer ou mettre de mot assez fort pour décrire une relation amoureuse, c'est signe qu'elle est exceptionnelle. En amour, je suis gentille et chiante comme la plupart des filles, je suis très généreuse et affectueuse. Je veux tout vivre et ressentir à 1 000 à l'heure, voyager, profiter avec mon amoureux. Me sentir exceptionnelle dans les yeux de celui que j'aime et vivre mon histoire comme si c'était la première fois de ma vie.

Amoureuse ? Oui. Dépendante ? Jamais.

Je n'ai jamais attendu et je n'attendrai jamais de l'autre qu'il fasse les choses à ma place. Se faire entretenir par un homme ou par qui que ce soit, pour moi, c'est impensable.

Ne pas renoncer au moindre obstacle

Je ne fuis plus en amour depuis Paga. Je trouve des solutions plutôt que d'abandonner. Avant, je partais pour des choses parfois minimes, je ne laissais rien passer et je disais stop. Mais j'ai réalisé que c'est en abandonnant, en reproduisant toujours les mêmes erreurs, que rien n'allait jamais fonctionner. Désormais, j'agis différemment. Je mise sur la confiance et la communication dans le couple.

Gare à la jalousie

En couple, ça ne sert à rien de tout interdire, cc'est comme avec un enfant. Plus tu vas interdire, et plus il aura envie de le faire. Plus tu vas être jalouse, et moins tu vas lui plaire : il va se sentir enfermé et les tensions vont apparaître. Je préfère accorder ma confiance, quitte à être déçue. Donc il vaut mieux lui dire : « fais ce que tu veux, tu sais ce que tu peux faire ou ne pas faire. Si tu me déçois, tant pis pour toi. Et moi, je me serais rendu compte que je méritais mieux. » Ou l'art de manier la menace sans menacer !

Ma plus grande...

MANIE :
checker mon téléphone.

HONTE :
vomir en plein milieu de la piste d'une boîte de nuit, à 16 ans.

FIERTÉ :
publier mon livre !

PEUR :
tout perdre et me retrouver à la rue.

FOLIE :
partir à Saint-Martin sur un coup de tête.

JOIE :
mes chiens, Biscotte et Brioche.

ERREUR :
avoir été trop naïve dans mon passé et avoir accordé ma confiance à des personnes qui ne la méritaient pas.

PEINE :
le décès de mon grand-père de cœur.

RÉUSSITE PROFESSIONNELLE :
travailler à l'Annex Beach à Cannes en tant que chef de rang à 19 ans.

RÉUSSITE PERSONNELLE :
être moi-même, y compris toutes les fois où j'aurais pu me perdre.

FORCE :
me fixer des challenges pour combattre mes peurs et progresser.

FAILLE :
mon histoire familiale.

Remerciements

JE REMERCIE **LA VIE, LE DESTIN.**

JE REMERCIE **MA MÈRE** D'AVOIR TOUJOURS ÉTÉ UNE FEMME FORTE MALGRÉ LES DIFFICULTÉS DE LA VIE.

JE REMERCIE **BANIJAY PRODUCTIONS** D'AVOIR TOUJOURS CRU EN MOI ET DE M'AVOIR LAISSÉ L'OPPORTUNITÉ DE MONTRER QUI JE SUIS VRAIMENT.

ET ENFIN, JE REMERCIE **MA COMMUNAUTÉ** DE ME SOUTENIR CHAQUE JOUR, D'ÊTRE AUSSI GENTILLE ET BIENVEILLANTE.

PS : VOUS ÊTES MA GIGA BANDE DE POTES !

Interviews et rédaction des textes

Mélanie Perrot

Crédits photographiques

Intérieur @Jordan Deal

(p 41, 93, 94, 98, 103, 105, 107, 121, 132)

Couverture © Jordan Deal

Direction artistique et création graphique

Salomé Velten

Direction éditoriale

Grégoire Hueber

Édition

Laetitia Therm

Correction

Émilie Guibaud

89, avenue Charles-de-Gaulle, 92575 Neuilly-sur-Seine Cedex.

Dépôt légal : avril 2022

Achevé d'imprimer en Italie par C.P.M S.p.A en avril 2022

ISBN : 978-235-985-217-2